LE PARTI

DE LA

LIQUIDATION SOCIALE

LE PARTI

DE LA

LIQUIDATION SOCIALE

Son but, son organisation,
ses progrès depuis la Commune de Paris

PAR

J. HAIRDET

Directeur de la *Défense*

SOCIÉTÉ GÉNÉRALE DE LIBRAIRIE CATHOLIQUE

PARIS	BRUXELLES
Victor PALMÉ, Directeur général	J. ALBANEL, Direct. de la succursale
rue des Saints-Pères, 76.	rue des Paroissiens, 29.

GENÈVE. — GROSSET ET TREMBLAY, LIBRAIRES-ÉDITEURS

—

1880

LE PARTI

DE LA

LIQUIDATION SOCIALE

§ 1. — *Pourquoi cette étude ? — Le péril social existe-t-il réelle-*
ment ? — L'Internatio ale et le parti de la révolution sociale
avant et depuis la Commune de Paris.

Je n'ai qu'une prétention en publiant ce livre : remplir un
devoir.

Depuis quelques années j'ai suivi, dans ses manifestations
publiques, et jusque dans ses œuvres ténébreuses, le travail de
décomposition sociale qui s'accomplit. Et je ne sais ce qui m'a
paru le plus effrayant ou de la hardiesse des utopies mises au jour,
de l'audace des projets criminels ourdis contre la civilisation
contemporaine, ou de l'apathie, de l'indifférence, et de l'aveuglement des hommes qui ne semblent pas même soupçonner l'effrayant cataclysme dont nous sommes menacés.

Ceux-là me font une objection, et je les entends :

— Il y a, disent-ils, plusieurs années déjà que la presse conservatrice nous fatigue de ces sinistres prédictions : elle a tort. A
force de crier au feu ! avant l'incendie, on risque de laisser brûler
sans secours la maison le jour où elle sera enflammée...

La comparaison n'est pas absolument exacte. C'est quand
l'incendie commence qu'il est plus facile d'en empêcher l'extension. Mais je demande seulement à ceux qui tiennent ce langage

1

de suivre avec moi les progrès constants du fléau par lequel notre état social est menacé, et ils me diront ensuite s'il n'est pas déjà bien tard pour essayer de faire la part du feu. (1)

Je ferai l'exposition des faits, qui sont venus à ma connaissance, sans déclamations, sans phrases : étant de ceux qui ont pris la peine de regarder, je veux dire simplement ce que j'ai vu (2).

Il me suffira de repondre à quelques questions :

(1) Faut-il rappeler ici avec quelle logique, quelle chaleur, et quelle persévérance incomparable l'illustre évêque d'Orléans, a suivi et dénoncé à tous les honnêtes gens le progrès des doctrines révolutionnaires pendant ces dernières années.

Dans son *Avertissement à la jeunesse et aux pères de famille*, Mgr Dupanloup signala les théories, les sytèmes, les grandes écoles d'athéisme, de matérialisme, de positivisme, de panthéisme ; l'impiété spéculative et savante. Plus tard, la *Lettre sur les malheurs et les signes des temps*, l'*Athéisme et le péril social*, et ensuite les *Alarmes de l'épiscopat justifiées par les faits* constataient les progrès de ces doctrines pernicieuses, et révélaient leurs conséquences antisociales, fatales.

En 1876, dans sa brochure *Où allons-nous?* le grand évêque montrait qu'on n'en était plus déjà aux idées, aux théories, aux systèmes, mais à la haine de Dieu et à la guerre.

« L'athéisme, le matérialisme, disait-il, lèvent plus haut que jamais la tête ; l'irré ligion, l'impiété, sous toutes les formes, ont les armes à la main ; que dis-je? elles ne sont par militantes seulement, elles paraissent triomphantes ; et ce qu'il y a de plus triste, c'est que, par la plus funeste des illusions, nombre d'hommes politiques, esprits honnètes, mais confiants plus qu'il ne faut dans la force des institutions qui nous ont tant de fois trahis, et dans leur propre habileté, ne veulent pas voir ni que le péril religieux est là, plus proche, plus menaçant que jamais, ni que, nécessairement, le péril social suit le péril religieux. »

Ces réflexions ne sont-elles pas plus opportunes encore, si c'est possible, à l'heure actuelle ?

Quelques temps après la publication de ce dernier travail, Mgr Dupanloup avait conçu le desseiu de renouveler ses avertissements ; il prépara une brochure qu'il voulait intituler *Où en sommes-nous?* mais qui ne parut point par suite de circonstances particulières. J'avais fait à ce propos des recherches que je crois devoir utiliser ici, et que j'ai continuées scrupuleusement jusqu'à ce jour.

Mgr Dupanloup nous encourageait toujours, très chaudement d'ailleurs, à reproduire dans la *Défense*, les extraits des journaux révolutionnaires et impies capables de mieux faire constater les progrès du fléau, persuadé que pour combattre un mal il fallait d'abord le bien connaître.

C'est avec ce souvenir et sous l'impression des conseils de mon vénéré maître que j'ai entrepris le présent travail.

(2) Voir notamment sur cette question : *Les sociétés secrètes*, par le P. Deschamps et M. Claudio Jannet, 2ᵉ édition, 1880, 2 vol. in-8, Paris, Oudin. — *Le Socialisme et la réforme en Allemagne*, par M. C. Reichenbach, Paris, 1878, br. in-8. — *Le Socialisme chrétien*, par M. Ch. Périn. (Paris, Lecoffre, br. in-8, 1879.) — *Les Doctrines des congrès ouvriers de France*, parues sous le pseudonyme d'Olivier de Ceimar. (Paris, Plon, 1880, in-12.) — *Études sociales et éconoemiques*, par M. Augustin Cochin, avec notice de M. le duc de Broglie. (Paris, Didier, in-12, 1880.) — *L'Inte nationale*, par M. Oscar Testut. (Paris, Lachaud, in-12, 1871.)

1º Existe-t-il des individus qui, mécontents de leur état, rêvent l'anéantissement de la société actuelle?

2º Ces individus forment-ils un parti ?

3º Quelles sont les doctrines, les visées de ce parti?

4º Le parti de la liquidation sociale est-il mieux organisé, plus audacieux et plus fort qu'à la veille de la Commune de Paris, en 1871?

5º Enfin peut-on conjurer le péril social?

Il est à peine besoin de poser la première de ces questions. Car tant qu'il y aura des malheureux, des fous, des désespérés, c'est-à-dire toujours, il est évident qu'il y aura des révolutionnaires.

Il s'agit donc uniquement de savoir si ces révolutionnaires, ces partisans de la destruction de la société, sous quelque nom qu'ils se présentent, sont unis entre eux par des liens communs, s'ils s'associent dans leurs efforts, s'ils s'entendent et se prêtent un mutuel appui : s'ils sont redoutables.

Cette constatation n'est pas aisée, car le propre de ces associations inavouables est d'être autant que possible tenues dans l'ombre, c'est d'être secrètes. Et nous devons forcément nous contenter de quelques manifestations accidentelles, de quelques aveux d'enfants terribles, jusqu'à ce que l'heure d'agir paraissant favorable aux meneurs, l'évidence finisse par crever les yeux des plus incrédules.

On l'a bien vu en 1871, lors de la Commune.

Déjà sous l'Empire, deux ans auparavant, on s'était préoccupé des menées de la société internationale des travailleurs, société dont le but et les tendances étaient alors si peu connus, que des hommes comme M. Jules Simon, avaient pu s'y fourvoyer. Le 24 Juin 1868, la cour de Paris confirmant un jugement rendu, et : « Considérant que le le but manifesté par ces actes (de l'Internationale) et ces écrits étaient une attaque permanente dirigée contre la Société, la propriété, le capital, et l'invitation aux ouvriers de tous les pays, de se liguer pour modifier dans le monde entier l'organisation sociale et politique en même temps que l'organisation industrielle » — condamnait à diverses peines neuf des principaux délégués de l'association.

Parmi ces neuf condamnés, on en retrouva quatre : Varlin, Humbert, Malon, Combault, devant les Conseils de guerre comme ayant fait partie de l'insurrection de 1871.

Mais du moins l'expérience fit-elle plus réfléchir par la suite ?

Au mois de mai de cette terrible année, il était certes dangereux de dire qu'on avait fait partie de l'Internationale ; car alors on n'eût pas osé avouer ses sympathies pour la Commune, et l'enquête sur le 18 mars l'a suffisamment prouvé, c'est aux efforts de l'Internationale qu'on doit la Commune de Paris. Ce sont les principaux adeptes de l'Internationale qui, à Marseille, à Toulouse, à Limoges, à Saint-Etienne, à Lyon, tentèrent de proclamer la Commune. Dès le mois de Mars 1871, le *Vorbote*, le journal officiel du socialisme allemand, avait pu dire avec enchantement : « L'histoire se trouve en présence d'une révolution que la démocratie socialiste du monde entier doit saluer avec enthousiasme. » L'insurrection de Paris n'était donc point, comme on a essayé de le faire croire depuis pour les besoins de la cause, une maladie obsidionale, c'était un mouvement calculé, réfléchi, décidé par l'Internationale un peu trop pressée.

Mais comme on oublie vite en politique, les mêmes gens qui avaient ri du spectre rouge, alors qu'en 1868 on poursuivait les associés de l'Internationale, ne tardèrent pas à dire après les répressions de Mai 1871, que l'Internationale était dissoute, morte, anéantie parce qu'en France ses adeptes se cachaient soigneusement.

Nous allons voir ce qu'il en était.

D'abord l'association était si peu désagrégée que son Conseil général publiait le 30 Mai 1871, dans le *Volkstaat* de Leipsig, un manifeste approuvant hautement les crimes et les forfaits de la Commune de Paris. Et le Congrès général tenu à Bruxelles, du 7 au 13 septembre 1874, se vantait des mêmes forfaits dans un manifeste adressé « à toutes les associations ouvrières et à tous les travailleurs. »

Dès 1872, une importante décision du Conseil général avait donné à l'association une force plus grande, en substituant aux sections locales de différents métiers, le principe du groupement corporatif par profession. De ce jour presque tous les syndicats ouvriers de France sont aux mains de l'association par leurs affidés plus ou moins conscients, que suit, sans même s'en douter, la masse des ouvriers séduits par les théories socialistes. Il ne s'agit plus que de les réunir et de profiter de la tolérance excessive d'un gouvernement faible pour préparer les moyens d'action ; c'est ce dont on s'occupe depuis plusieurs années.

Il est vrai, une scission, toute passagère d'ailleurs, avait eu lieu en 1873 dans l'association Internationale, à la suite du transfert du Conseil général à New-York, mais loin d'en être diminuée l'Internationale en était sortie plus forte. Les membres se divisèrent en deux camps, les Marxistes, qui, avec Karl Marx, plus autoritaires, voulaient conserver un conseil général formé de délégations des différents pays, et les Bakouninistes qui étaient avec Bakounine, les anarchistes, partisans de l'athéisme absolu et de l'autonomie individuelle. On retrouvera ces deux courants dans les congrès ouvriers dont nous nous occuperons plus loin.

Non, l'Internationale n'est pas morte avec la Commune, et la propagande en sa faveur est même telle que le journal officiel de l'*Internationale*, dans son numéro du 21 septembre de cette même année 1873 — depuis la Commune par conséquent — pouvait dire :

« On est étonné de l'immense progrès que cette Société qui a à peine neuf ans d'existence a accompli jusque maintenant. Dans ce laps de temps elle a étendu son pouvoir sur toute la surface du globe. *Partout, dans quelque petit endroit que ce soit, il y a un groupe, une section* d'association. »

Non, l'Internationale n'est pas morte.

Elle fait encore preuve de vie pendant les élections de 1877, et l'un des membres de la Commune, condamné à mort par contumace, Pindy, signe en qualité de « secrétaire correspondant » pour « la commission de la fédération française de l'association internationale des travailleurs » un manifeste aux électeurs dans le but de les engager « à passer de la parole à l'acte, de l'urne à la barricade, du vote à l'insurrection. »

« Le socialisme, disait-il, mal enterré dans un document posthume par un moribond à qui l'on doit la plupart des difficultés de l'heure présente (M. Thiers), est *en France plus vivant qu'on ne croit, il est en Europe plus vivant que jamais.* C'est lui qui, dans la crise que nous traversons, vient, *par la bouche de l'Internationale,* vous faire entendre sa voix... La république unitaire, parlementaire, réactionnaire et bourgeoise doit être morte en France. Vive la République des communes fédérées !

Et ce n'était point là vaine fanfaronnade.

Au moment où parut ce manifeste dans la *Défense* qui en avait reçu un exemplaire, les journaux opportunistes essayèrent de nier l'authenticité de la pièce, Pindy répliqua le 22 octobre dans une lettre au *National suisse* pour « en revendiquer hautement la responsabilité » au nom « du comité fédéral. »

Un mois auparavant, dans le congrès socialiste tenu à Gand, où s'étaient réunis les délégués de toutes les fractions dissidentes, la solidarité la plus absolue de toutes les sociétés révolutionnaires avait été acclamée. Le comité fédéral, au nom duquel parlait le communard Pindy, était bien le centre agissant, muni de pouvoirs, de la révolution sociale.

Sans doute il y a parfois dans les réunions et dans les journaux révolutionnaires quelques divergences ; il est impossible qu'il n'y en ait pas. En France les anarchistes et les collectivistes autoritaires se querellent souvent, les Bakouninistes et les Marxistes ne sont pas toujours d'accord, en Allemagne, parmi les démocrates socialistes, les partis représentés par la « Freiheit » et par le « Sozial demokrat » se font une petite guerre qui menace de s'étendre à l'union ouvrière « l'Arbeiterbund » suisse.

Mais au fond, sur le point qui nous préoccupe le plus, sur le bouleversement social, et la destruction de la société actuelle, tous sont du même avis. Et c'est surtout ce qu'il convient de retenir.

Récemment encore, dans la *Voie de l'ouvrier* du 27 juin 1880, le conseil général du parti ouvrier socialiste belge (dont le siège est à Gand, digue des Blanchisseurs, 14-2), publiait un manifeste adressé aux socialistes des deux mondes dans lequel, après avoir fait appel à l'union des socialistes de tous les pays, le Conseil général belge s'exprime ainsi :

Un pas reste à faire pour reconstituer de fait l'association internationale des travailleurs ; et, dans les circonstances actuelles, ce pas semble être aussi *le dernier qui nous sépare du but.*

Il faut que nous ayons un programme commun d'action..

Unis par notre haine contre les iniquités sociales, nous saurons nous mettre d'accord pour les faire disparaître.

Dans son dernier congrès annuel, le parti socialiste belge a émis le vœu de voir se réunir l'an prochain un Congrès socialiste universel (1). L'approbation que plusieurs journaux socialistes ont donné déjà à cette idée est une preuve de plus qu'elle vient à son temps.

(1) Le *Citoyen* du 20 août 1880 dit en effet qu'un petit groupe de socialistes belges cherchent à organiser un congrès socialiste révolutionnaire international, dans le but de s'occuper entre autres questions, de la fédération internationale de tous les socialistes révolutionnaires.

Nous venons vous inviter à ce Congrès.

Discutez-en dès maintenant la date, le lieu, l'organisation ; indiquez-nous les questions que vous voudriez voir figurer à l'ordre du jour ; communiquez vos craintes ; aidez-nous enfin à faire réussir les solennelles assises **ouvrières** de 1881.

Et qu'une fois de plus ce cri trouve un écho dans vos cœurs.

« Prolétaires de tous les pays, unissez-vous ! »

Unis dans les appétits, il ne s'agit pour les sociaistes que d'être embrigadés pour l'action : c'est à quoi l'on travaille si activement aujourd'hui. Et en somme, malgré des divergences plus apparentes que réelles, nous pouvons dire que depuis 1871, l'Internationale a augmenté ses forces, qu'elle s'est unifiée.

Et, comme on le verra plus loin, il existe bien réellement un parti révolutionnaire organisé à l'état de menace permanente contre les institutions fondamentales de notre société.

§ 2. — *Les Congrès révolutionnaires de 1875 à 1879 (Gotha, Paris, Lyon, Marseille). — Les théories émises et les projets discutés deviennent de plus en plus hardis. — La complicité du Conseil municipal de Paris.*

Avant d'examiner quels sont les visées, les doctrines, les moyens d'action du parti de la liquidation sociale, auquel se rattachent tous les partis révolutionnaires, je dois m'occuper d'une des sections de l'Internationale qui agit plus particulièrement en France, celle qui a provoqué les congrès dits « ouvriers » et s'est faite la propagatrice des idées monstrueuses et folles qui ont cours dans ces sortes de clubs.

Ici encore je trouve un argument en faveur de ma thèse, car depuis 1876, les progrès de cette section ont été considérables, quoi qu'en disent les naïfs et les prudents, qui ne voient pas ou ne veulent pas voir à quel degré nous sommes descendus depuis ces dernières années.

C'est seulement il y a quatre ans qu'eut lieu à Paris, sous le ministère Dufaure, de Marcère, le premier congrès ouvrier.

En 1875 (du 22 au 27 mai) s'était tenu à Gotha, avant la loi de M. de Bismarck, le congrès des ouvriers socialistes allemands, avec l'esprit de celui qui se tint en 1848 au Luxembourg, à Paris, sous la présidence de M. Louis Blanc; en attendant le grand congrès international qui eut lieu à Newarck (Etats-Unis) du 26 au 31 décembre 1877.

Mais à Paris, c'est le 20 octobre 1876, que s'ouvrit rue d'Arras la première séance de la réunion, non autorisée, qui s'appelait modestement et prudemment « le Congrès ouvrier ». On s'y occupa presque exclusivement du principe d'association. Il n'y eut là ni drapeaux rouges, ni bonnets phrygiens, ni cris de « vive la Commune! vive la Révolution sociale! » ni aucune de ces excitations criminelles qui se produiront plus tard à Lyon, à Marseille et à Paris. On tenait à se montrer bien sage. Et le comité exécutif qui fut chargé de préparer le congrès suivant à Lyon, publia même une circulaire où il était dit que les travailleurs « ont prouvé avec une sagesse incontestée qu'ils n'en voulaient au bien de personne, etc. »

Malheureusement l'*Egalité*, qui venait d'être fondée par un groupe de socialistes français et allemands, commentait ainsi la circulaire, dans son numéro du 25 novembre 1877 :

« L'esprit d'*excessive* réserve dans lequel est conçu ce document, trouve sans doute une cause trop légitime d'*excuse* dans les circonstances que nous traversons actuellement.. Comment imaginer, par exemple, disait l'*Egalité*, que les travailleurs parviennent à augmenter leur bien-être *sans dépouiller autrui...* »

Mais il ne fallait pas effrayer encore; sur ce point les révolutionnaires sont partisans de l'opportunité, on le verra d'ailleurs.

Le Congrès de 1877, annoncé pour le 10 décembre à Lyon, n'eut pas lieu. Le gouvernement était aux mains des conservateurs. Le *Petit Lyonnais* du 30 novembre, presque à la veille de l'ouverture, annonça l'ajournement du Congrès au 10 janvier 1878.

Le 28 janvier, non pas le 10, le deuxième congrès s'ouvrit à Lyon, pendant le dernier ministère de MM. Dufaure, de Marcère. Cette fois on parut plus inquiet dans les régions gouvernementales. Le préfet du Rhône, aujourd'hui conseiller d'Etat, M. Berger, ancien procureur général du 4 septembre, à Riom, avait cru devoir signaler les dangers de cette réunion. Mais le gouvernement

prit le parti de laisser faire, et même l'administration souhaita la
bien venue aux socialistes, encore inavoués, du congrès.

La création et l'organisation des chambres syndicales furent le
principal objet des délibérations de cette deuxième session.

En se séparant les membres du congrès décident qu'ils se retrou-
veront à Paris au mois de septembre suivant, à l'occasion de l'Exposition universelle qui leur permettrait d'organiser un « congrès
international. »

L'inquiétude du pouvoir fut encore plus vive et quand, le 5
septembre 1878, les organisateurs de ce « congrès international
socialiste », convoqués en réunion préparatoire dans le local du
cercle de l'Union du XV° arrondissement, 104, rue des Entre-
preneurs, se présentèrent, vers 8 heures du soir, à la porte du cercle ; l'accès leur en fut interdit et plusieurs furent poursuivis et
condamnés (1).

Il fut alors décidé que le prochain congrès ne prendrait plus le titre
de congrès « international », ce qui n'empêchera pas, écrit un conseiller municipal de Paris, « que le jour où il plaira aux ouvriers
français et étrangers de se réunir en France, l'autorité leur laissera
toute liberté (2). »

La troisième session s'ouvrit le 20 octobre 1879 à Marseille,
sous le ministère Wadington-Lepère.

C'est dans cette réunion que le « prolétariat » s'organise définitivement ; il ne craint pas de dévoiler ses projets, il s'intitule carré-

---

(1) En vertu d'un jugement, sont condamnés : MM. Jules Guesde, à six mois de prison
et 200 francs d'amende ; Gabriel Deville, à deux mois de prison et 100 francs d'amende ;
Massard et Coueste, à un mois de prison et 100 francs d'amende.

Sont condamnés à quinze jours de prison et 50 francs d'amende MM. Finance,
Chabry, Vaidy, Picourt, Paulard et Jallot, M. Gerbaux est condamné à huit jours de
prison et 50 francs d'amende.

Sont condamnés à 100 francs d'amende, MM. Briolle, Oriol, Audonnet, Boguet,
Bernard, Tassotte, Vivien, Boulet (Louis), Damlaincourt, Corsin (Damiens', Sarnel,
Lavit, Dupire, Kilchenstein, et Mlle Bonnevial. A 50 francs d'amende : MM. Lecourt,
Garrigues, Lafont, Adam, Corsin (Achille), Boulet (Simon), Saens et Bernay. Enfin
M. Balat, est condamné à 25 francs et M. Chevalier à 16 francs d'amende. Mmes
Manière et Floch sont acquittées. (V. le *Rappel* du 26 octobre 1878.)

(2) Une lettre de l'organisateur du Congrès, le citoyen J. Lombard, qui m'a été
adressée le 17 juillet 1879 et a été publiée dans la *Défense* du 21, se prévalait de
l'autorisation de M. de Marcère, et s'appuyait sur la parole donnée par le ministre à
M. Bouchet, député des Bouches-du-Rhône.

A l'heure actuelle, il existe à Paris même divers cercles socialistes étrangers ; citons
par exemple : le groupe socialiste collectiviste *belge* (2, rue de la Bastille) ; le groupe
communiste *allemand* (même adresse) ; le groupe *nihiliste russe* (rue Berthollet).

ment « congrès ouvrier socialiste» et, la veille de l'ouverture, les délégués font une déclaration qui sera renouvelée le 30 au moment de la clôture des travaux, par laquelle ils se reconnaissent « collectivistes ». Puis, au milieu des applaudissements de l'assemblée, un membre demande « que l'appropriation collective de tous les instruments de travail et de toutes les forces de la production soit poursuivie par tous les moyens possibles. »

Ici cependant, comme en 1880, à Paris, des prostestations s'élèvent pour « repousser les manifestations violentes qui se sont produites. » Mais ici et là, les protestations sont en petit nombre. A Marseille, elles ne reunissent que 23 signatures, tandis que la proposition citée en avait réuni 61 : à Paris, un seul délégué, celui du Havre, d'ailleurs désavoué par une partie des ouvriers havrais, quitte la séance, refusant de s'associer quoi qu'il arrive à la préconisation des moyens violents pour le triomphe de la révolution sociale.

En même temps, le Congrès de Marseille sommait les représentants de voter l'amnistie plénière, comme une mesure de justice, et de « réparation » ; et il envoyait aux réfugiés de la Commune de Londres, en réponse à une lettre de ceux-ci, l'adresse ci-dessous :

« Le Congrès ouvrier socialiste de Marseille applaudit aux encouragements que vous avez bien voulu lui envoyer et qui ont été apportés à la tribune. Les délégués réunis ici affirment une fois de plus *les principes* pour lesquels vous avez combattu et souffert. »

La dernière séance du Congrès de Marseille était levée aux cris de « vive l'amnistie ! » et les délégués décidaient de porter en grande pompe une couronne sur la tombe de G. Crémieux, fusillé comme insurgé en 1871.

On est loin de la prudence « excessive » du Congrès de 1876. Il faut le reconnaître il y a progrès et progrès considérable.

Il faut noter que c'est pour ce Congrès, où l'on devait adhérer solennellement aux doctrines de l'insurrection de 1871, que le Conseil municipal de Paris, dans sa séance du 29 juillet 1879, accordait une subvention de 5,000 francs aux délégués de 96 chambres syndicales, le rapporteur assurant que « la communauté d'opinions qui n'a cessé de régner entre le Conseil municipal et le prolétariat lui en faisait un devoir. »

Le Conseil n'ignorait cependant pas les tendances et le but du

Congrès, car le rapport reproduit le résumé des questions qui devaient être débattues, notamment celles de « la représentation directe du prolétariat aux corps élus », de « l'impôt sur la rente », de « la question sociale », de la « propriété et de son organisation par *l'appropriation individuelle ou collective du sol et des instruments de travail.* »

Mais faut-il s'étonner de cette décision quand on sait que, dès 1876, le Conseil municipal, conduit par M. Bonnet-Duverdier — son président, alors — s'était rendu à Londres, sous prétexte d'examiner des modèles de tramways et je ne sais quels travaux de voirie, en réalité pour rendre visite aux hommes qui avaient incendié la ville dont ils représentent les intérêts! et quand on se rappelle qu'un des premiers soins de nos Conseillers fut de voter 100,000 fr. pour les amnistiés!

Faut-il être surpris de cette tendresse du Conseil municipal pour les socialistes, quand on voit d'autre part, un de leurs journaux, la *Révolution française*, si bien apprécier les services rendus par cette assemblée qu'elle déclarait (numéros du 14, 15 mai 1879) « que la suppression du Conseil municipal obligerait le peuple « parisien à recourir à ce que la déclaration des droits de l'homme, « a appelé leplus sacré des devoirs, et à recommencer un nouvelle « Commune. »

Aussi, malgré le caractère révolutionnaire du Congrès de Marseille qu'il avait subventionné, le Conseil municipal de Paris, n'hésite-t-il pas à voter le 5 août 1880, des remercîments à « l'union des chambres syndicales ouvrières de France » pour l'hommage qu'elle lui fait du compte rendu de ce congrès, en même temps qu'il accorde d'urgence par 30 voix contre 5, 3,000 francs à cette réunion illicite (1) pour qu'elle envoie 15 délégués

---

(1) Elle est dirigée par un comité de 6 membres (Voir le *Citoyen* du 15 août 1880 et le *Mot d'Ordre* du 14). Il faut noter que l'appel « aux travailleurs » publié par cette réunion dans le *Mot d'Ordre* contient nombre de revendications faites par le Congrès de Paris bien que les termes de cet appel soient adoucis : « Nous devons procéder, y est-il dit, d'une façon pratique et progressive. » C'est pour cela sans doute que le *Mot d'Ordre* a osé publier ce document. Mais, on le voit assez, quoique plus déguisé, le but est le même.

Il convient d'ajouter, que dans la réunion du 23 août dernier, à la salle des Ecoles, 3, rue d'Arras, l'Assemblée générale de l'Union fédérative du Centre, comptant les délégués de 35 groupes sur 43 adhérents, a blâmé « les travailleurs assez peu soucieux de leur dignité pour quémander des subsides auprès des corps élus avec lesquels le prolétariat ne doit avoir aucune compromission. »

au Congrès national socialiste du Havre, fixé au 11 octobre de cette année, s'opposant d'ailleurs, malgré les instances de 15 conseillers, à toute enquête, à tout ajournement.

Oui ou non, ces manifestations dénotent-elles un trouble profond dans notre situation politique et dans notre état social ? sont-elles l'indice d'une diminution des forces de la Révolution ?

Ils ne se trompaient donc pas ceux qui disaient, en 1876, dès l'ouverture des congrès prétendus ouvriers, et en 1879, avant la session de Marseille que, sous prétexte d'étudier les intérêts de la classe ouvrière, ces réunions étaient des conciliabules où l'on s'occuperait de préparer la réhabilitation de la Commune, le triomphe des idées collectivistes, l'avènement de la révolution, de la liquidation sociale.

§ 3. L'Union fédérative et les six fédérations socialistes en France. — Le parti dit ouvrier. — Nihilistes et régicides. — Les Congrès régionaux révolutionnaires de 1880 (Paris, Marseille, Bordeaux, Lille, Lyon, préludes du Congrès national socialiste du Havre). — Les impatients et les prudents, tous d'accord sur le but. — La manifestation avortée du 23 mai. — Le groupe des survivants de la Commune.

Une des décisions les plus importantes que prit, au mois d'octobre 1879, le Congrès ouvrier socialiste de Marseille, fut le groupement en six fédérations régionales de toutes les associations pouvant servir la révolution, telles que les sociétés coopératives, les chambres syndicales ouvrières, les comités socialistes, les cercles d'études sociales (1), les bibliothèques démocratiques et socialistes, les commissions de propagande, etc., réunies sous le titre de l' « Union fédérative » avec un « comité fédéral permanent, » élu par les sociétés adhérentes, un « comité exécutif cen-

---

(1) Si l'on veut savoir ce que les agitateurs attendent de ces réunions, il suffit de lire cette note du *Révolté* de décembre 1879 : « Des cercles d'études sociales vont se créer dans tous les arrondissements et plus tard dans tous les quartiers de Paris. Décidément, le peuple français va se mettre à la tête du socialisme européen... Nous verrons comme la bourgeoisie dansera dans deux ou trois ans. » Cette prédiction est en partie réalisée.

tral » de sept membres, formé dans le but de recueillir tous les renseignements sur le mouvement socialiste en France, de faire de la propagande, et de préparer le Congrès régional (le comité de la région du Centre siège à Paris, 13, impasse Ménilmontant). A l'heure actuelle, plus de 100 sociétés révolutionnaires suivent, dans la région du Centre, les ordres de leur comité exécutif (Voir le *Figaro* du 30 juin 1880, pour la liste des sociétés fédérées de cette région.), 43 sont absolument dirigées par l'Union fédérative. (Voir le *Citoyen* du 27 août 1880.)

A diverses reprises, notamment le 23 mai dernier, le comité fédéral adressait un appel (voir le *Prolétaire* du 29 mai 1880) à toutes les sociétés ouvrières socialistes de cette région, pour provoquer les adhésions à l'union fédérative.

Les cercles et les sociétés se trouvent ainsi rapidement enlacés dans le même filet, dont les cordons sont tenus par des délégués de l'Internationale, les partisans de la révolution sociale.

Le *Comité fédéral* est le centre agissant, c'est lui qui donne l'impulsion, le mot d'ordre aux sociétés embrigadées. On le voit se réunir, notamment le 13 août, puis le 23 dans une réunion générale, 3, rue d'Arras, en même temps qu'à une conférence de Jules Vallès, de Jules Guesde, et de la citoyenne Rouzade, le 30 août; assemblées socialistes pour lesquelles il avait été fait 6,000 convocations (voir le *Citoyen* du 16 août 1880). En même temps, le comité choisit des délégués au « Congrès ouvrier national du Havre », invitant les groupes adhérents à se faire représenter également à ce Congrès socialiste.

Une réunion de 900 socialistes, tenue à la salle Valentino, à Marseille, le 29 février 1880, avait décidé à l'unanimité, la formation d'un « parti ouvrier républicain socialiste révolutionnaire » adhérant au manifeste de leurs « devanciers les hommes d'idées de la Commune »

Le même jour, une adresse fut votée contre l'extradition du nihiliste Hartman (1), (qui allait être simplement éconduit, non extradé) et « dont le seul crime aurait été d'essayer de détruire le despotisme gouvernemental dans la personne du Czar ». l'As-

---

(1) Hartmann, on se le rappelle, avait tenté de faire sauter un train où se trouvait le czar. Tous les socialistes prirent parti pour lui contre le gouvernement.

Hartmann signe depuis le 9 août 1880 dans le journal de Henri Rochefort *l'Intransigeant*, des articles sur la Révolution en Russie.

semblée envoyait ses « plus chaudes sympathies » à Hartmann, ses « fraternels encouragements » à « tous les socialistes » qui s'occupent d'accomplir la « révolution sociale » et elle se séparait aux cris « Vive le nihilisime ! à bas les tyrans ». (*Le père Duchêne, 7 mars* 1880.)

N'est-ce pas, au reste, un journal de la future Commune de Toulouse, l'*Émancipateur* de M. Duportal, aujourd'hui député, qui professait ces doctrines régicides, dans son numéro du 27 janvier 1871 :

« Tuer un roi, disait-il, ce n'est point commettre un homicide, puisque les rois se prétendent au-dessus et en dehors de l'humanité. Tuer un roi, c'est rendre autant et même plus de services à l'humanité que de tuer des bêtes féroces, des tigres ou des hyènes, car un roi fait à lui seul plus de mal aux hommes que tous les animaux monstrueux qui peuvent peupler les forêts. »

A quoi bon remonter à 1871, quand, dans l'organe officiel des Congrès de Paris, le *Citoyen*, numéro du 30 juillet 1880, à propos de la grossesse de la reine d'Espagne, un homme imprimait ceci :

« Je me souviens qu'étant tout jeune, j'allais avec les gamins de l'école à la chasse aux couleuvres, dans les bois de Baronville. Nous nous attachions spécialement à détruire à coups de baguettes longues et flexibles, les milliers des petits que nous trouvions dans les nids des reptiles... Enfants de couleuvres et fils de rois, c'est tout un : on doit gémir d'en voir paraître à la lumière... »

Et il faut les détruire de même... N'est-ce pas la conclusion de tous ceux qui criaient : Vive le nihilisme, applaudissaient aux attentats de Hartmann et de Vera Zassoulitch.

On doit reconnaître qu'avant le temps présent, personne ni dans une réunion, ni dans un journal, n'eût osé en France, exposer d'aussi abominables théories.

Le 23 février dernier, la Commission d'organisation du prochain congrès ouvrier se réunissait, à Paris, 163, boulevard de Strasbourg, et arrêtait en attendant les congrès régionaux, le programme sommaire du quatrième congrès national socialiste de France qui doit se tenir le 11 octobre 1880 dans la ville du Havre (1).

______

(1) Pour montrer à quel point cette organisation révolutionnaire est peu connue, il

De nouveau, le 12 mai suivant, à l'Alhambra, « une centaine de citoyens militants du parti républicain socialiste des divers arrondissements de Paris » se réunirent pour l'élaboration d'un programme commun, capable de rallier les diverses nuances du parti de la révolution sociale, et de servir plus spécialement pour les prochaines élections. Déjà, les socialistes s'étaient réunis le 27 avril précédent, pour s'entendre sur « la répartition des richesses et l'organisation du travail dans la société future. »

Les 26, 27, 28 et 29 juillet, le Congrès socialiste régional du Midi a lieu à Marseille, avec des représentants des cercles, chambres syndicales et sociétés diverses, des départements de l'Ardèche, de l'Aude, de l'Aveyron, des Basses-Alpes, des Bouches-du-Rhône, de la Drôme, du Gard, des Hautes-Alpes, de l'Hérault, de la Lozère, des Pyrénées-Orientales, du Tarn, du Var et de Vaucluse.

Le 10, avait eu lieu le Congrès régional de Lyon ; le 22 juin, celui de Bordeaux ; le 15 août, ouvre celui de Lille (1).

Nous ne nous arrêterons pas sur ces réunions préparatoires, qui toutes ont eu un caractère révolutionnaire de plus en plus marqué, nous nous hâtons d'en venir au Congrès régional du Centre, ouvert à Paris, le 18 juillet, 23, rue du Faubourg du Temple, dans

suffira de citer le début d'un long article que le *Journal des Débats* (numéro du 29 juillet 1880) consacre à l'étude du Congrès du Centre. article dans lequel le rédacteur se demande encore « quel est l'objet véritable de ce grand débat. »

« Le Congrès ouvrier de Paris, ou, comme il s'intitulait *sans qu'on ait jamais su pourquoi*, écrit M. F. Charmes, le Congrès ouvrier du Centre, vient de se dissoudre. On annonce prochainement un nouveau Congrès au Havre ; *on ignore encore* s'il s'appellera *Congrès de l'Est ou de l'Ouest ?* »

Il s'agit ici, on le sait, non plus d'un congrès régional mais d'un congrès national : le *Journal des Débats* ignore tout cela, et il conclut par des plaisanteries sur le péril social.

(1) 3,000 personnes ont assisté à l'ouverture de ce congrès. On s'est occupé surtout des moyens de s'associer contre le patronat. Et tout en contestant, du moins pour l'instant, les avantages des moyens violents préconisés par les congrès de Marseille et de Paris, le congrès de Lille a réclamé la fédération des syndicats ouvriers de Lille, Roubaix, Tourcoing et Armentières qui comprennent à l'heure actuelle 90,000 ouvriers. La fédération patronerait exclusivement les candidats ouvriers et réglerait les grèves (voir la *Vérité*, organe de la république démocratique, 20 août 1880.)

Pour bien comprendre l'importance, au point de vue des grèves de cette fédération, il faut savoir que la tentative faite au commencement de l'année dans le Nord, a surtout accrédité cette idée « qu'une grève partielle et locale ne peut amener aucune amélioration » dans la condition des ouvriers, c'est ce que disait en janvier 1880

la salle de l'ex-Alhambra, ce Congrès ayant une importance toute
particulière dans le mouvement révolutionnaire.

L'Union fédérative des groupes, sociétés, et chambres syndicales
des travailleurs socialistes français, l'a du moins ainsi compris, et
la circulaire du comité fédéral, en date du 22 juin 1880, l'explique
de son mieux :

« On ne saurait, dit ce document, attacher trop d'importance à ce Congrès,
c'est la première fois que le socialisme scientifique, procédant par la division
du travail, organise les forces du prolétariat,

« C'est la première fois que le socialisme, rejetant toute conception vague
et sentimentale sans but, s'affirme et dénonce son but, déclare ne marcher
qu'avec la science et ne rejette aucune de ses conséquences.

« C'est la première fois que, brisant avec la bourgeoisie, le prolétariat se
constitue en parti distinct, déclarant ainsi qu'il n'y a et ne peut y avoir
aucun lien de solidarité entre ceux qui, à quelque degré que ce soit, vivent
du produit du travail sans travailler, et le producteur qui peut à peine sub-
venir à ses besoins en travaillant des 12 et 15 heures par jour.

« Les sociétés ouvrières socialistes de la région ne sauraient attacher trop
d'importance à ce Congrès, car si le Congrès de Marseille a fait trembler la
bourgeoisie, réveillant l'apathie qui s'était emparée des travailleurs, le Congrès de Paris doit prouver que nous sommes conscients de la situation qui
nous est faite, et que nous saurons en sortir .. « (V. le *Père Duchêne* du 27
juin 1880, et le *Mot d'Ordre* du 30 juin.)

Dès le premier jour de la réunion de ce Congrès régional, le
18 juillet 1880, 44 sociétés se firent représenter. En voici quelques-
unes dont la dénomination est particulièrement significative :
l'Alliance des groupes socialistes révolutionnaires, l'Egalité,
association socialiste, le Cercle révolutionnaire des cinquième et
treizième arrondissements, le groupe d'études sociales des Enfants-
Rouges, le syndicat des instituteurs et institutrices libres, le Droit
des femmes, puis les chambres syndicales des ferblantiers, cordonniers, bijoutiers, cartonniers, modeleurs-mécaniciens, pape-

le *Révolté*, où je relève cette phrase incidente : « cette grève prenait au commencement des allures *assez révolutionnaires, il s'agissait d'employer la dynamite* ». Le
Révolté sait ce qu'il dit, on peut l'en croire.

Une brochure, la *Défense des Esclaves* (Reims, in-8° de 16 p.), imprimée alors et
propagée par les groupes socialistes collectivistes de Reims, avec 20 signatures, dit
« à l'infatigable J. B. Clément ainsi qu'à la pléiade des Braves, qui végètent sur la terre
d'exil, que la blessure faite à nos cœurs,.. *saigne toujours*, et que nous la génération de l'avenir, nous saurons un jour, comme nos illustres devanciers, *planter l'éten-
dard du quatrième état sur les ruines de la Vieille-Société.* »

tiers et régleurs, ouvriers de bronze, tailleurs, coupeurs et brocheurs en chaussures, etc...

J'ai rappelé la condamnation qui avait frappé le 25 octobre 1878, un certain nombre d'organisateurs du Congrès international de Paris, interdit par ordre de la police ; il faut remarquer que six des délégués du Congrès de 1880 avaient été atteints par le jugement de 1878.

C'est un de ces condamnés, le citoyen Paulard, du journal socialiste révolutionnaire le *Prolétaire*, qui est élu président dès la première séance, pendant que l'assemblée choisit comme présidents d'honneur, la citoyenne Louise Michel, de la Commune, encore au bagne, et les citoyens Nourrit et Trinquet.

Le congrès avait pris d'abord le titre de « Congrès ouvrier socialiste révolutionnaire de la région du Centre ; » mais, dès la première séance, à la suite de la réception d'une adresse du congrès régional de Lyon, il est décidé que cette dénomination sera changée et qu'à l'exemple du congrès de Lyon, celui de Paris s'appellera «Congrès ouvrier *collectiviste* révolutionnaire de la région du centre.»

Ce n'est plus le modeste et timide « Congrès ouvrier » de 1876 ! Le parti révolutionnaire a fait des progrès depuis quatre ans.

L'essor est donné pour une prompte organisation des forces du prolétariat. « Le temps presse » disait la circulaire du Congrès de Lyon aux sociétés ouvrières (le *Mot d'Ordre*, 29 juin 1880) ; il « nous faut agir, répètent les secrétaires du Congrès, prendre résolûment et définitivement en main la direction de nos propres affaires », il faut que « l'émancipation des travailleurs » vienne de « l'action réfléchie et soutenue des groupes de toutes sortes organisés et fédérés. » Dans ces dispositions s'ouvrit le « Congrès ouvrier collectiviste révolutionnaire de la région du centre à Paris ».

La session a duré du 18 au 25 juillet. Les dernières séances ont été consacrées au vote des résolutions. Les autres ont été remplies par la discussion de diverses questions : 1° De l'attitude du prolétariat dans la lutte électorale ; 2° de la propriété ; 3° du salariat ; 4° de la femme ; 5° de l'éducation ; questions auxquelles se rattachent tant de problèmes politiques, sociaux et économiques.

Je n'ai point cru devoir consacrer un paragraphe spécial au dernier congrès de Paris, pas plus qu'à ceux de Lyon ou de Marseille, bien que ce soit là qu'il a été débité le plus d'extravagances révolutionnaires.

2

A part quelques détails sans grande importance, quant aux théories émises par la majorité, il n'y a d'ailleurs pour ainsi dire aucune divergence sur le but. Les dissidences n'ont lieu que pour les moyens, l'opportunité, plutôt même pour l'opportunité, que pour les moyens.

Il est aisé de remarquer ainsi que les journaux révolutionnaires, traités par le Congrès de 1880 comme des « organes bourgeois, » parce qu'ils se disent opposés à une révolution violente, le *Mot d'Ordre*, la *Lanterne* entre autres, ne laissent pas moins paraître, à chaque instant, malgré leur prudence calculée, leurs goûts pour les moyens insurrectionels.

L'un et l'autre, pour prendre comme exemple un des incidents les plus récents, félicitent dans leur numéro du 26 juillet dernier, les 2,000 étudiants qui s'étaient rendus au punch offert rue de Jussieu, aux communards Rochefort, Olivier Pain, Blanqui, Eudes, Johannard, Amouroux, Brissac, Dubois, etc.; or l'épisode principal de cette réception fut l'acclamation de la *révolution sociale*.

Faut-il d'autres exemples pour montrer que ces journaux soi-disant opposés à la violence, ne demandent pas mieux que d'y recourir si besoin en est.

On sait que la *Marseillaise* et le *Mot d'Ordre* sont deux éditions d'un même journal.

On lit dans la première, n° du 7 octobre 1879 :

« Il n'y a pas, à vrai dire, de révolutions politiques, *il n'y a que des révolutions sociales*. Tel a été avant tout le caractère de l'évolution de 89, que notre mission *est de poursuivre, sans trêve ni merci, et pacifiquement, je l'espère*, jusqu'à son entier développement, *jusqu'à ses dernières conséquences*. »

Et dans le *Mot d'Ordre* du 25 juillet 1880 :

« Nous sommes et nous resterons républicains progressistes socialistes, c'est-à-dire cherchant à résoudre le plus promptement possible et aussi, — *jusqu'à nouvel ordre* — *sans violence* ces trois problèmes : développement politique de l'Etat républicain, *développement social* de l'Etat travailleur et producteur, développement physique et intellectuel à l'infini de l'individu. »

L'un et l'autre « espèrent » mais « jusqu'à nouvel ordre » seule. ment que la révolution sociale qu'ils désirent s'opérera « pacifiquement, » et « sans violence » ; ils l'espèrent, mais ils n'en sont pas sûrs du tout, et s'ils en sentent le besoin, ils seront comme le *Citoyen*, le *Prolétaire*, l'*Egalité*, le *Père Duchêne*, le *Révolté*, pour les violences (1).

D'ailleurs, que signifie l'indignation de ces journaux qui s'évertuent à faire comprendre aux socialistes que le.bulletin de vote est suffisant pour leur donner satisfaction? Il est impossible de sortir de ce dilemme : Ou bien cela est faux, et l'on voit, par leurs organes les plus autorisés, que les socialistes ne sont pas disposés à se laisser duper; ou cela est vrai, et alors c'est bien la révolution sociale, à quelques coups de fusil près, c'est quand même le bouleversement d: toutes les institutions, plus encore, le bouleversement *légal*.

Voilà peut-être ce que veulent les journaux prétendus modérés du parti révolutionnaire, y compris certains opportunistes, comme la *République française*, qui, dans son numéro du 2 août 1880, publiait les lignes suivantes :

« L'on sait ce que vaut, ce que peut le bout de papier électoral.. Sans doute le bout de papier électoral ne donnera pas l'impossible, mais il peut, *il doit servir à tout changer* sans révolution, et c'est là le point important, c'est là le progrès immense, le grand événement. »

Quel grand avantage aurions-nous donc à ce que ce soit le bulletin de vote, au lieu des coups de fusil, qui « changerait tout », qui assurerait le triomphe du programme socialiste, et consacrerait en quelque sorte la légitimité du vol de la propriété, en amenant le collectivisme révolutionnaire ? (2)

(1) Autre exemple plus caractéristique peut-être encore :

La *Justice* est dirigée par M. Clémenceau, député de Montmartre. Cette année même, son directeur s'était élevé, dans une réunion du cirque Fernando, contre le collectivisme. Le journal avait protesté contre les doctrines collectivistes du Congrès de l'Alhambra. Lisez la *Justice*, numéro du 11 août 1880, depuis le Congrès, vous y trouverez la note suivante;

« Un cercle d'études sociales vient de se fonder à Lyon-Guillotière, et a pris le titre de « Cercle d'Etudes sociales des *prolétaires collectivistes*. »

» *Nous ne pouvons qu'applaudir à la constitution de ce groupe*, d'autant plus que les opinions des fondateurs, au point de vue de la solution des questions sociales, nous semblent d'accord avec les résolutions du Congrès de Marseille et du Congrès régional du Centre.

» Le titre même de ce Cercle *prouve que nous avons affaire à des collectivistes révolutionnaires*, et les quelques lignes que nous extrayons de leur programme établissent nettement la nuance de leur opinion. »

Voilà comment paraît le bout de l'oreille du révolutionnaire.

(2) V. ci-dessus, p. 91, la réflexion de la *Justice*, à ce propos.

Un délégué au Congrès régional du Centre a pris la peine de répondre au journal de M. Gambetta, que les collectivistes sont au reste très désireux d'arriver au bouleversement de la société, par les voies légales.

Les collectivistes révolutionnaires, disait-il dans une lettre publiée par le *Citoyen* du 4 août 1880, *ne demandent pas une révolution immédiate*, ils constatent simplement *qu'il y aura nécessairement*, plus tard, *une révolution sociale;* mais elle peut avoir lieu dans un temps très éloigné et nous pensons, quant à nous, qu'il faudra très longtemps pour qu'elle devienne possible.

Les collectivistes révolutionnaires ajoutent à cela que, si un moyen pacifique de réaliser leurs théories leur était proposé, *ils seraient enchantés de l'accepter*, ne voyant pas la nécessité de se faire casser la tête.

Faites adopter une loi qui force les députés à rester constamment d'accord avec leurs électeurs, et vous verrez que les collectivistes révolutionnaires *n'auront plus besoin de révolution pour mettre leurs théories en pratique.*

Qu'on ne vienne donc pas opposer le langage de certains de ces journaux à celui des anarchistes des Congrès.

Ceux-ci sont d'accord avec ceux-là, seulement les uns sont impatients et les autres préfèrent attendre l'heure propice.

La question n'est point de savoir si la société actuelle doit être « toute changée, » il s'agit de savoir si le parti révolutionnaire aura la patience d'opérer ce changement à coups de bulletins de vote, ou si les impatients triompheront à coups de fusil. La conclusion est évidemment la même.

« Quand on me croit bien abruti, bien lourd, bien niais, faisait dire à un citoyen, le journal le *Peuple* en novembre 1877, c'est ce jour-là que dans une explosion inattendue je me dresse, terrible et prêt... Je choisis et choisirai mon heure... L'arme est au repos, mais elle est chargée. »

C'était le langage que tenait le 24 mai 1873 l'*Ami du Peuple*, auquel collaboraient en Belgique Rogeard, Lhuiller, Moreau, Varlet, Cluseret, Gambon, Joineaux, Jules Guesde.

« Le socialisme, disait un correspondant parisien de ce journal, le 9 juillet de cette année, le socialisme va encore devenir plus *prudent* et se livrer plus sérieusement à l'étude. » « Mais, ajoutait le lendemain le journal communard, nous savons bien que, l'élan donné, toute la population ouvrière se lèvera comme un seul

homme ; » — puis, quelques jours plus tard, le **27** juillet : « Les
ouvriers ne veulent rien précipiter ; mais au premier signal on
peut être certain qu'on les verra debout et que le tocsin de la révolution fera surgir d'héroïques phalanges. »

Trois ans plus tard, mêmes conseils, non pas contre les principes de l'insurrection, mais sur l'opportunité de l'heure : « Ne
nous jetons pas dans la rue *sans raisons*, disait l'*Ami du Peuple* du
11 Juin 1876. Evitons les pièges, les provocations, attendons les
circonstances, et profitons-en. En attendant, ayons des chefs prudents, courageux, expérimentés, des secrets plus profonds, des
réunions plus intimes, une discipline plus parfaite, et une résolution arrêtée... »

Depuis lors, eut lieu le Congrès de Gand, votant la solidarité
de toutes les sectes dissidentes de l'Internationale. Depuis, le parti
révolutionaire eut l'amnistie, les comités permanents dits de secours aux amnistiés, la fédération des groupes révolutionnaires, la division de la France socialiste en six régions, des réunions intimes et des réunions publiques, des chefs, une discipline
on somme parfaite sur les points essentiels, une entente absolue
sur le but, la liquidation de la Société.

Par suite, le langage des organes autorisés de la Révolution
sociale ne peut être différent en 1880, du langage tenu par l'*Ami du
peuple* quelques années plus tôt.

Et il est facile de le constater.

Le 23 mai dernier, une manifestation en l'honneur des morts de
la Commune devait avoir lieu au cimetière du Père-Lachaise. Qui
l'avait organisée ? Le délégué du Comité fédéral, formé à la suite
du Congrès de Marseille, de la création des six grandes divisions
de la France révolutionaire. On sortait à peine de l'agitation pro-
duite dans le Nord, par les 60,000 mineurs, et par les 30,000 fileurs
tisseurs de Roubaix, Reims et Troyes, mis en grève sur un mot
d'ordre de l'Internationale et qui, comme nous l'avons vu, son-
geaient à employer la dynamite ; le gouvernement paraissait
devoir tout souffrir.

L'occasion semblait favorable. Tout d'un coup l'on sait que le
Préfet de police prend des mesures énergiques pour empêcher la
manifestation de dégénérer en émeute : les meneurs reculent, et
c'est dans l'Assemblée générale du Comité fédéral, tenue le 17 mai
à la salle de la rue d'Arras (au moment même où les statuts votés

par le Congrès de Marseille sont définitivement adoptés), que la résolution est prise de s'abstenir, en déclarant « ne céder qu'à la force, ne voulant pas donner des armes au gouvernement pour entraver l'organisation du parti ouvrier. »

Le Comité fédéral a songé que l'émeute n'auraitpoint une portée suffisante, tant que l'organisation des prolétaires serait en voie d'élaboration, et un des journaux du Congrès de Paris, l'*Egalité* du 23 mai 1880 l'avouait, en disant :

« Quant à l'émeute, qu'on le sache une fois pour toutes,plus nous sommes révolutionnaires; plus nous proclamons, en nous fondant sur l'expérience de toute l'histoire, que, comme l'affranchissement du tiers, l'affranchissement du 4ᵉ état est *au prix d'une révolution*, et moins nous pourrions nous prêter à des échauffourées sans portée et sans but. »

Pas plus que le *Mot d'Ordre* et la *Lanterne*, l'*Egalité* n'est donc partisan quand même de la violence; et ce n'est pas la peur de l'émeute qui rend si « modérés » la *Lanterne* et le *Mot d'Ordre*, c'est le calcul : « Car la force, évidemment, dit d'ailleurs la *Lanterne* du 24 juillet, n'est quelque chose qu'à la *condition d'être la plus forte*, ceux qu'on violente ayant l'habitude de se rebiffer et de se défendre. Si donc on s'amuse à violenter plus fort que soi, les probabilités sont qu'on n'y gagnera pas autre chose qu'une forte pile. Les plus faibles ont peu de chance d'imposer leurs volontés aux plus forts, et s'il leur plaît de commencer la bataille, ils ont quelque chance de subir la loi du plus fort. »

« Si l'on nous dit que ce serait trop attendre, s'écrie-t-on au Congrès de Paris (séance du 25 juillet 1880), nous répondrons que nous ne sommes pas maîtres de l'heure, que nous ne pouvons pas faire abstraction de la nature des choses, que traduire en faits nos impatiences ne serait que retarder l'heure libératrice : trois Saint-Barthélemy de prolétaires en un demi-siècle c'est assez pour apprendre à remplacer la politique de sentiment par la politique scientifique. »

Il s'agit d'attendre le jour où les progrès de la Révolution étant plus visibles encore qu'en ce moment, le parti anarchiste plus vigoureux, plus fort, pourra réaliser tout son programme de destruction. Ce jour viendra prochainement, assure un autre organe des congrès, le *Prolétaire*.

« Et ce jour-là, que la bourgeoisie le sache, nous n'hésiterons pas à l'exproprier purement et simplement pour cause d'utilité publique. »

C'est ce que le citoyen Félix Pyat disait dans le premier article qu'il signait de son nom, au lendemain de l'amnistie plénière — « mesure d'oubli » comme on l'a dit.

« En réprouvant la Commune, (écrit-il dans le *Mot d'ordre* du 12 juillet 1880, à propos de la discussion qui eut lieu au Sénat sur l'amnistie), les Royalistes sont logiques. Les Républicains *doivent l'être en la rappelant... en la relevant*. Le moindre écart du principe produit contradiction dans les conséquences. Pardonner la Commune, *c'est la condamner. Point de clémence, justice ! Tu la feras. Tu peux ce que tu veux et tu dois ce que tu peux.* A quelque chose malheur est bon. Si, par exemple, la chute de l'Empire te coûte pour l'instant deux provinces, elle te vaut la République. Si le verbe de Judas te coûte l'apaisement, il te vaut la chute du Sénat. *Exception des assassins, soit!* impardonnables... car ils savent ce qu'ils font! *Simon, Martel, la Commission des grâces, tout le Sénat et son train seront exclus de l'amnistie du Peuple.* »

« Revenez vite parmi nous, chers et derniers proscrits qui avez tant souffert loin de la patrie (dit le *Citoyen* du 2 août 1880, aux amnistiés ramenés par le *Tage*). Revenez; nous vous ferons oublier les tortures du bagne et les insultes de la chiourme. *Quand vos membres meurtris seront reposés,* quand votre esprit affaibli, épouvanté, affolé par les raffinements infâmes de cruauté qui faisaient l'orgueil de vos bourreaux se sentira guéri, rafraîchi par l'accueil fraternel qui vous attend, *vous recommencerez à lutter avec nous, à combattre le bon combat.* »

C'est dans le but de préparer le bon combat sans doute que « les proscrits déportés et transportés et tous les condamnés de la Commune, » se mettent en rapport à diverses reprises, qu'ils nomment le 13 juillet une commission pour s'organiser en société et se réunissent le 8 août suivant, au nombre de 3 ou 4 cents, salle Graffard 138, boulevard Ménilmontant, « pour entendre la lecture des résolutions de ladite commission, et délibérer sur la ligne de conduite à suivre par le groupe. » (Voir le *Mot d'Ordre* des 8 et 15 août 1880, bien que le *Mot d'Ordre* se dise partisan de la paix et de la conciliation, sans doute parce qu'il a exprimé dans sa publication, par des lignes de points, les motions les plus violentes de cette réunion, où le correspondant de ce journal écrit cependant « nous sommes tous républicains socialistes... Nous sommes tous d'accord sur le point principal »)

Je me suis étendu un peu longuement sur ces faits parce que l'on entend dire souvent: les partisans des moyens violents sont le petit nombre. Il est évident, au contraire, on le verra mieux par la suite de ce travail, que les révolutionnaires sont tous partisans de la violence, s'ils la jugent utile au triomphe de l'anarchie : seule la question de temps et d'heure peut les diviser. Mais, comme en révolution c'est la queue qui conduit la tête (1), ce seront les plus audacieux et les plus fous qui entraîneront les autres. Il suffira qu'un signal soit donné.

§ 4. — *Les idées du parti sur Dieu, la religion, la morale, le libre arbitre, la justice, les récompenses et les peines, les prêtres, les magistrats et les soldats.*

« Les États où l'on méprise la religion, a dit La Bruyère, sont plus sujets aux désaccords que les autres. La religion doit être le fondement des États. »

Rien n'est plus exact. Aussi, la religion ayant toujours été le premier fondement de la société, c'est à elle que le parti de la *destruction* sociale doit s'attaquer. C'est elle qu'il vise d'abord, et il ne se borne pas à faire la « guerre au cléricalisme, » ni au

(1) N'a-t-on pas vu déjà comme une preuve de la puissance du parti révolutionnaire, non seulement l'expulsion d'Hartmann, au lieu de l'extradition demandée par la Russie et promise par le gouvernement, mais surtout l'amnistie faite malgré le gouvernement, malgré M. Gambetta lui-même. Le 20 février 1879, M. Le Royer, garde des sceaux du ministère Freycinet-Ferry, disait, au nom de ses collègues que « l'amnistie n'était pas possible » et cela pour des raisons qui subsistent toujours. Et le 22 juin de l'année suivante, M. Gambetta, la main forcée, s'exécutait gracieusement, en plein Belleville, en recommandant à ses électeurs de « *saluer* ceux qui allaient rentrer dans la patrie, » les communards. L'amnistie était faite par le parti révolutionnaire plus fort que les pouvoirs de la République. Ce qui faisait dire au *Révolté* de Genève (n° du 10 juillet 1880) en parlant des restes de la Commune de Paris :

« Quoi qu'on en dise, ce n'est pas en graciés qu'ils rentreront, c'est en représentants d'une *cause invaincue* ; ils combattirent pour la Commune, *ils rentreront pour continuer le combat. Salut à eux ! et bon courage !* »

Une adresse « aux prolétaires français » datée de Genève 14 juillet 1880 et publiée par le *Père Duchêne*, n° du 25 juillet, reconnaît également que c'est « pris par l'unique peur de se voir casser aux gages » que gouvernants et législateurs « ont été contraints de vider les bagnes politiques de la Nouvelle-Calédonie... » Notre devoir nous est tracé, disent les signataires de l'adresse (A. Alavoine, A. Andignoux, A. Clément, A. Chastel, Fournier (Nièvre), F. Gambon, F. Josselin, G. Lefrançais, Ed. Merlieux, L. Pindy), tous unis dans un même sentiment de justice, forts de notre conscience et de notre droit, nous poursuivrons et nous préparerons ensemble la suprême et dernière amnistie, l'amnistie plénière du prolétariat, définitivement *émancipée par la Commune et la révolution sociale.* » Les condamnés se font accusateurs, et, comme le dit le *Révolté*, ce n'est pas en graciés qu'ils rentrent en France, c'est en vainqueurs, pour y « continuer le bon combat » de la révolution sociale.

catholicisme, ni au christianisme, ni même au spiritualisme. Il
« entend par cléricalisme toute religiosité, quelle qu'elle soit. » (Voir
l'*Homme libre*, journal de M. Louis Blanc, dernier numéro paru) (1).
Dieu le gêne, la jouissance immédiate devant être le but de la vie, la
fin de toute existence, il faut supprimer Dieu qui exige une religion, une morale, une justice souveraine. Pour éviter les pénalités
de ses lois, il faut supprimer le législateur.

« Nous sommes athées, » écrivait en 1878 le groupe communiste
de New-York au citoyen Massard (du congrès collectiviste révolutionaire du Centre) qu'il priait de le représenter au congrès
interdit.

« Nous sommes athées, » disaient de leur côté dans un manifeste
où ils revendiquaient leur part de responsabilité dans l'assassinat.
des généraux et des otages, les réfugiés de la Commune groupés
en 1874 sous le titre la « *Commune révolutionnaire* » (2), parce que
l'homme ne sera jamais libre tant qu'il n'aura pas chassé Dieu de
son intelligence et de sa raison. »

Qu'est-ce donc que Dieu, pour ces insensés?

Le journal des réfugiés de Genève, *l'Ami du peuple*, du 5 décembre 1875, va nous le dire :

« Un Dieu, c'est de l'ennui, c'est un meuble inutile et embarrassant qui
doit disparaître au milieu d'un brasier ardent. Il ne doit rester sur la terre
que le souvenir de ses nombreuses dupes C'est ce Dieu mystificateur qui a
toujours dérobé au peuple les moyens d'émancipation pour le plonger dans le
ridicule, dans l'abrutissement ; c'est ce Dieu inique qui a toujours été l'argument de ces bêtes fauves qui extorquent le pain des misérables familles qui se
trouvent sous leur domination. »

« Notre logique, disait le 27 février 1876 le même journal, se refuse d'ad-
mettre un être suprême, fait monstrueux, en dehors de l'humanité. Débar-
rassons-nous de ce fantôme de nos misères passées et présentes. »

(1) « Cléricalisme et religion sont pour moi synonymes, » disait au conseil municipal de Paris, le rapporteur d'une commission, dans la séance du 17 octobre 1879.
« La distinction entre le catholicisme et le cléricalisme est purement officielle, subtile,
pour les besoins de la tribune, lisait-on encore dans une feuille maçonnique (la *Chaine
d'Union*, n° de juillet 1880); mais ici en loge, disons-le hautement, pour la vérité, le
catholicisme et le cléricalisme ne font qu'un. »
(2) Voici les noms des fondateurs de ce groupe. On y remarquera plusieurs individus
qui remplirent de hautes fonctions sous la Commune . Aberlen, Beiton. Breuillé,
Carné, Jean Clément, F. Cournet, Ch. Dacosta, Dellès, A. Derouilla, E. Eudes,
H. Causseron, E. Gois, A. Goulé, E. Granger, A. Huguenot, E. Jouanni, Ledrux-
Léonce, Lhuillier, P. Mallet, Marguerittes, Constant Martin, A. Moreau, H. Mortier
A. Oldrini, Pichon, A. Poirier, Rysto, B. Sachs, Solignac, Ed. Vaillant, Varlet,
Viard.

Un autre journal communard, le *Mirabeau,* de Verviers, se faisait le 13 décembre 1874 l'écho des mêmes blasphèmes :

« Il ne peut plus être question du Dieu biblique et providentiel, disait-il, de cet être ridicule, barbare et sanguinaire, à qui l'on fait jouer un rôle de saltimbanque chez tous les peuples antiques et modernes. L'existence de cet être capricieux ne peut plus être soutenue que par des idiots. »

M. Yves Guyot, conseiller municipal de Paris, se vante, lui, d'être arrivé scientifiquèment à l'athéisme : « La science positive sait parfaitement maintenant, écrit-il au *Progrès,* de Lyon, en janvier 1873, quelle est la nature de Dieu. Dieu est la sécrétion du cerveau humain. Toute religion est une maladie intellectuelle. »

Au congrès de Liège, pendant que M. Lafargue s'écriait : « Guerre à Dieu, le progrès est là ? » M. Germain Casse, depuis élu député radical, ne s'est-il pas écrié aussi :

« Comme socialistes nous voulons, dans l'ordre religieux, l'anéantissement de toute religion, de toute église, arriver à la négation de Dieu. »

Plus tard, au congrès de Bâle, si favorable au développement de l'Internationale, M. G. Mollin disait encore : « il faut que nous renversions définitivement Dieu, si nous voulons relever l'humanité. »

Lorsque eut lieu le procès du congrès ouvrier de 1878, on saisit sur plusieurs des organisateurs du congrès, les mêmes que nous retrouvons à la salle de l'Alhambra en 1880, un journal avec lequel plusieurs d'entre eux étaient en correspondance, la *Guerre sociale.* Veut-on savoir quelles étaient les doctrines de cette publication en matière de morale et de religion ?

« Notre journal, disait le programme de cette feuille, ne proclamera *rien d'absolu ou d'éternel.* Liberté, égalité, justice, morale, vertu, droit, devoir, sont des notions relatives.

« Ennemi de Dieu, il se mesurera avec cette *monstrueuse création métaphysique.* »

Mais sans descendre aussi bas, ou plutôt sans aller aussi loin, n'avons-nous pas entendu à la chambre des députés, M. Paul Bert, écarter Dieu de l'enseignement primaire « comme une hypothèse de la métaphysique ». (Rapport sur l'instruction primaire, p. 48.)

Au congrès de Marseille (séance du 30 octobre 1879), on s'attachera en conséquence à apprendre enfin à l'homme « à mourir sans prêtre comme il aura vécu sans Dieu ».

Et précisément dans le même numéro où il protestait contre les violences du « congrès ouvrier collectiviste révolutionaire,» le *Mot d'ordre* du 25 juillet 1880, répondant à la *Défense,* ne tenait pas un autre langage :

« Malheureusement, disait-il, la République actuelle ne supprime pas encore Dieu, c'est là un progrès auquel *il serait temps qu'elle tendît plus énergiquement.* Car, grâce à *cet instrument de superstition,* nous sommes encore en proie à toutes les tyrannies sociales, qu'on a tant de peine à extirper,et qui, depuis plusieurs siècles, engendrent des révolutions périodiques. »

Quelques jours plus tard, la presse conservatrice ayant remarqué que le gouvernement actuel s'attachait à exclure de ses fêtes et de ses solennités tout signe religieux, et que la remise des drapeaux et le lancement d'un navire avaient été faits, contrairement à l'usage, sans les bénédictions de l'Église, le même journal se livre à de cyniques plaisanteries (numéro du 13 août 1880) :

« On a chassé Dieu de la marine! c'est effroyable, n'est-ce pas, dit-il?

« Mais on n'a pas non plus béni les drapeaux le 14 juillet,la *Défense* doit s'en souvenir. Non. *Qu'irait faire Dieu* dans des cérémonies de ce genre ? *sait-il nager? sait-il pointer un canon? A-t-il seulement quelques notions sur l'art du canotage ?* Il est fort bien dans son Eglise, qu'il y reste à la disposition de ceux qui l'adorent. »

C'est ce qu'au congrès de Marseille on appelait brûler « l'idole religieuse ».

Lorsqu'on a dit « Dieu c'est le mal », faut-il s'étonner qu'un homme aille jusqu'à s'écrier à Lyon, le 19 novembre 1870, au club Favié :

« Je ne crains pas la foudre. *Je hais le Dieu, le misérable Dieu des prêtres, et je voudrais, comme le Titan, escalader le ciel pour aller le poignarder.* »

C'est la folie, la rage, la frénésie de l'athéisme et de l'impiété !

En outrageant Dieu et niant la divinité,le parti révolutionnaire et athée sait bien ce qu'il fait ; il veut arracher aux fidèles leurs croyances et leurs consolations, car il lui faut des désespérés pour faire des soldats de l'émeute. N'est-ce pas Napoléon qui a dit que « sans la religion, les hommes s'entre-déchireraient pour la plus belle femme ou la plus grosse poire »? Sans la religion, il ne reste plus que des passions brutales et des appétits grossiers.

On « s'entre-déchire », c'est pourquoi les partisans de la liquidation sociale proposaient dans le congrès de Marseille (séance du 28 octobre 1879), de « remplacer dans les campagnes la *Bible* par le *Contrat social*, de Jean-Jacques; le *Catéchisme du diocèse* par celui *des droits de l'enfant*, afin que personne, pas plus à la campagne qu'à la ville, ne crût au Paradis d'en haut. »

Ainsi pour le Congrès de Paris (24 juillet 1880), « l'*Evangile*, l'*Histoire sainte*, le *Catéchisme*, le *Nouveau Testament* sont des livres obscènes et immoraux » qu'il faut supprimer. Ce qui est tout à fait l'avis, du reste, de M. Hovelacque, conseiller municipal de Paris, car il dénonçait au conseil le *Catéchisme* et la *Bible* comme « des recueils mythologiques démoralisants et abêtissants. » (V. la *Défense* du 11 février 1880).

C'est aussi l'avis du citoyen Murat qui s'écriait naguère au congrès de Bruxelles :

« La *Bible* est le code de l'immoralité, et aussi bien pour l'enfant que pour l'homme, elle doit cesser de faire partie de l'instruction (V. le *Peuple* belge, 12 septembre 1868).

On veut arracher la croyance « au paradis d'en haut. »

« De toutes les exploitations, disait le citoyen Talandier, député, au mois de septembre 1876, la plus complète est celle qui consiste à promettre le ciel en échange des maux endurés sur la terre ».

Et Victor Hugo lui-même, le poète déchu, perdu par l'orgueil, s'écriait le 1er août 1880, dans une réunion du Trocadéro, « nous sommes les ennemis de l'enfer qui est dans le dogme». L'enfer, c'est ce que le citoyen Dupas, au Congrès de Paris, appelait plus brutalement « les cauchemars malsains de la damnation ». (Séance du 24 juillet 1880.)

A quoi bon le paradis et pourquoi le « cauchemar » de l'enfer, pourquoi une justice éternelle à qui nie la responsabilité morale ? Or, pour ces hommes, il n'y a pas de criminels, il n'y a que des malades. Le *Bulletin officiel* du troisième Congrès ouvrier tenu à Marseille, en 1879, imprima ce vœu adopté par toute l'assemblée collectiviste révolutionnaire :

« Le Congrès, considérant que les individus dangereux contre lesquels la Société se garantit en les emprisonnant, sont *des malades* qu'il faut traiter et guérir, conclut à la suppression des prisons, cet instrument de répression honteux, à une époque où l'on comprend qu'il faut moraliser (?) et non punir. »

C'est, du reste, la théorie du journal révolutionnaire, les *Droits de l'Homme*, qui disait en avril 1876 : « Il n'y a pas de coupables, il n'y a que des ignorants et des malades. » C'est aussi l'opinion de la *République française* elle-même sur ce qu'elle appelait à la même date « la notion puérile du libre arbitre. »

Après cela, faut-il être surpris de la haine de ce monde contre tout ce qui tient à Dieu, à la religion, contre ce que le Congrès de Marseille (séance du 28 octobre 1879) appelait « la pieuvre noire, » le Congrès de Lyon (31 janvier 1878) « la charogne cléricale » et le *Mot d'Ordre* (n° du 27 juillet 1880) « cette vieille courtisane fardée qui se nomme l'Eglise...! »

En effet, depuis que, pour écarter de lui les conséquences de la question sociale qu'il s'obstine à nier, le parti au pouvoir a déclaré la guerre au cléricalisme, les révolutionnaires socialistes et les radicaux opportunistes ont du moins trouvé un point de leur programme sur lequel ils peuvent être d'accord, la haine de l'Église (1).

« Le cléricalisme, voilà l'ennemi ! » dit M. Gambetta (Chambre des députés, séance du 4 mai 1877).

(1 Il serait facile de multiplier a l'infini les témoignages sur cet accord. Mais j'ai voulu, autant que possible, ne point m'occuper du parti au pouvoir. Je ne veux parler que du parti de la liquidation sociale. Et ce n'est que par hasard que je me suis permis de citer l'opinion de complices inconscients ou volontaires, qui ne voient rien, ou qui croient en leur pouvoir d'arrêter la société à moitié du précipice où ils la poussent. Je ne signalerai donc ici que pour mémoire l'*Union démocratique de propagande anticléricale* fondée en 1880 (Voir les statuts dans la *Défense* du 11 juin), et qui compte, parmi les membres les plus marquants, MM. Paul Bert, Gambetta, Schœlcher, Clémenceau, Pelletan, Spuller, D' Thulié, etc... On sait aussi qu'un des rédacteurs du *Mot d'Ordre*, le F.·. Edmond Lepelletier a institué, il y a deux ou trois ans, une sorte d'irréligion sous le titre de la « propagande pour la foi civile » qui compte de nombreux adhérents. De plus, divers arrondissements de Paris comptent un groupe de la « libre-pensée » sur le modèle des associations de « solidaires belges » : tous ces groupes, qui sont autant de cercles révolutionnaires, viennent de se fédérer et ils ont pris part au *grand congrès de la libre-pensée* ouvert à Bruxelles, le 27 août de cette année, par les soins de M. Janson, député de Belgique. Le 1er septembre, malgré l'opposition de M. Morin, délégué, conseiller municipal de Paris, cette réunion a décidé que le prochain congrès international de la libre-pensée se tiendrait à Paris. Les libre-penseurs de France ont leur journal, la *Pensée libre*, en attendant le *Libre-Penseur* (rédacteur en chef, M. Edm. Lepelletier) qui doit paraître bientôt. Enfin, rue de Rambuteau, n° 62, à Paris, existe un bureau de renseignements et de placement pour les femmes faisant partie des associations antireligieuses.

« Quel est l'ennemi du gouvernement ? » se demandait, le 11 janvier 1880, dans une réunion publique M. Sigismond Kryzanowski, dit Lacroix, conseiller municipal de Paris. Et il répondit ui-même :

« C'est cette vaste internationale qui s'appelle l'église catholique, apostolique et romaine. »

Peu de temps après, le citoyen Humbert, amnistié, l'ancien rédacteur du *Père Duchêne* de la Commune, l'élu du quartier de Javel, ici parfaitement d'accord avec M. Gambetta, s'écriait :

« *L'ennemi qu'il faut terrasser, c'est le Catholicisme,* avec son monstrueux ensemble de doctrines antisociales, avec l'*odieux principe de l'autorité* dont il est la source » (V. le *Mot d'Ordre* des 8 et 9 avril 1880).

Écoutons encore le *Mot d'Ordre* (n° du 29 août 1880), et nous apprendrons ce que c'est au juste que le cléricalisme :

Ce n'est pas, dit cette feuille, que nous hésitions à donner au mal dont nous parlons *son vrai nom* et à dire plus clairement et plus hardiment, ainsi que M. Gambetta : LE CATHOLICISME, VOILA L'ENNEMI ? Non ! en matière d'enseignement, le catholicisme n'est pas le seul ennemi; il dispose certes à l'heure qu'il est du plus gros contingent, mais le cléricalisme, *c'est-a-dire la croyance à l'absurde, la foi dans une puissance supérieure* qui règle, sait, gouverne tout, juge, punit, pardonne ou récompense, la créance aux miracles qu'ils s'appellent l'Eucharistie, la création du monde par un être divin, la résurrection des âmes et des corps au jugement dernier, la rédemption par le Golgotha, le paradis, l'enfer, le diable, tout cet ensemble de monstruosités dangereuses et de folies contagieuses appartient en propre *aussi bien au protestantisme qu'au judaïsme et au catholicisme* ; c'est ce cléricalisme-là, qu'il vienne de Rome, de Genève ou de Jérusalem, qui règne en maître dans l'enseignement, de par la loi Falloux, et *qu'il faut en chasser définitivement* si nous voulons être des hommes libres, raisonnables et *n'admettant que ce qui leur est démontré* ou ce qui s'impose à l'intellect humain, comme *la matière,* l'étendue, la pesanteur, la chaleur, l'être et ses facultés.

C'était bien la pensée du journal que je viens de citer lorsqu'à la fin de mars de la même année il publiait les lignes suivantes :

Nous aurons fort à faire pour triompher du catholicisme tant que nous ne romprons pas hautement et ouvertement avec lui, *tant que nous n'agirons pas à son égard, comme le faisaient nos pères en 1793.* Est-ce qu'on fêtait le saint jour de Pâques à cette mémorable époque ! »

Et c'est ce même journal qui se pose en organe de la modération contre les énergumènes du Congrès de l'Alhambra, quand son idéal, il nous l'a dit ailleurs, est la « république de la rue Haxo » ; quand son rêve est de renouveler 1793 !

Il faut voir combien ce langage criminel rencontre d'échos dans le parti révolutionnaire:

« Le devoir de tout vrai libéral, avait dit en 1876, la *Flandre libérale* de Belgique, est de travailler à arracher les âmes à l'Eglise. »

« Il y a aussi d'autres besoins, d'autres principes qui font partie de notre républicanisme, écrivait-on dans les *Droits de l'homme*, à la même date. L'abolition des formes religieuses... La pensée libre, éclairée et positive, la *morale indépendante* ne se réaliseront pas forcément parce qu'on aura établi le droit commun pour tous et que les prêtres seront libres. *Il ne devrait même pas y avoir pour le clergé, si c'était possible en fait, de droit à l'existence.* »

« Mort au clergé ! » s'écriait le communard Coulon, à propos de l'enterrement d'un solidaire. (V. l'*Ami du peuple* du 26 mars 1876.)

Un autre réfugié de la Commune, le citoyen Vuilmet, écrivait à l'un de ses amis, le 4 octobre 1874 :

« Oui, quand viendra la grande, la vraie Révolution, le peuple à son tour, s'écriera: Malheur aux vaincus... ! Ne perdons pas non plus de vue que, de toutes les tyrannies qui nous oppriment, celle du prêtre est la plus redoutable ! Contre de tels ennemis *tous les moyens sont bons* : aujourd'hui combattons-les par la parole et les écrits, et demain nous verrons... »

« Le prêtre est un parasite dans le monde ; c'est un être anti-social qui a fait son temps, comme le vieux monde pourri qui nous l'a légué » disait M. Delannoy dans l'*Enseignement gratuit, laïque et obligatoire* (cité par l'*Univers*, 2 octobre 1876).

« F..... moi donc tous vos curés à l'eau », écrit-on de Genève à l'*Ami du peuple*, le 26 mars 1876, sans autre forme et en manière de conclusion.

« Et vous, lisait-on dans le même journal, bien avant les décrets du 29 mars, et vous horde infâme, jésuites, capucins, prêtres, récollets, et toute la clique cléricale, soldats de l'obscurantisme et de la réaction, ennemis jurés du progrès et de la civilisation, votre dossier est terrible : malheur à vous ! » Puis le 12 mars 1876, parlant des prêtres, le même journal s'écriait brutalement : « Est-ce que votre raison ne vous dit pas : *Tue-les* ! »

A-t-on changé de langage dans ces dernières années. Assurément non.

Et le même Congrès de Marseille qui, l'an dernier, « considérant que les couvents ne sont qu'un refuge offert à la paresse et à la démoralisation, conclut à leur suppression » , développait ainsi (séance du 25 octobre 1879) le soin qu'il fallait mettre à élever les enfants dans la haine du clergé.

« Il faut apprendre à l'enfant, disait-on, à aimer ce qui est respectable et bon, ses parents, les travailleurs, les malheureux, et à haïr ce qui est méprisable et nuisible, le *prêtre* menteur, l'*officier* galonné, le *juge* inique. Il faut quand, passant dans la rue avec son enfant, on voit venir un évêque, un général, un magistrat, lui dire : Tu sais que souvent le pain manque à la maison, que l'hiver nous n'avons pas toujours du bois pour réchauffer tes membres grelottants, que ta mère est morte hier parce que nous ne pouvions pas acheter le remède qui l'aurait sauvée. Eh bien ! regarde cet homme qui passe ; *c'est de lui et de ses pareils que viennent toutes nos misères et toutes nos pauvretés* ; maudissons-les ensemble. Quand tous les prolétaires auront fait de cette manière l'éducation de leurs enfants, le jour de la délivrance ne sera pas loin. »

« Comme il avait raison le vaillant évêque d'Orléans, lorsqu'il écrivait, il y a quatre ans déjà, avec toute l'énergie qu'il savait mettre à la défense sociale et religieuse : « Non, on peut ignorer — dans le calme étrange où tant de gens se plaisent à vivre — mais on ne saurait nier que la franc-maçonnerie (1), le positivisme et le radicalisme font en ce moment les

(1) En 1874, d'après ¡Pachtler, il y avait dans le monde entier 11,100 loges maçonniques ayant plus d'un million de membres actifs, et soutenant 53 revues ou journaux. Depuis cette époque, le nombre des loges s'est accru dans de notables proportions. (Voir sur la Franc-Maçonnerie le remarquable ouvrage du P. Deschamps avec l'introduction de M. Claudio Jannet, *Les Sociétés secrètes et la société.* Paris, Oudin, 1880. 2 gros vol. in-8°). En France, on comptait en 1877, 261 loges, formant 306 ateliers, sous l'obédience du Grand-Orient. Le rite écossais et le rite de Misraïm en avaient aussi plus de 200.

Sur la franc-maçonnerie et son action désastreuse dans la société contemporaine, voir, outre l'ouvrage capital du P. Deschamps déjà cité, et celui de M. Neut, parmi les ouvrages les plus récents : *Le grand péril de notre temps ou la franc-maçonnerie* par ¡Mgr Turinaz, évêque de Tarentaise (Paris, Josse, in-12, 1880). [— *Instruction pastorale* de Mgr Besson, évêque de Nîmes (Paris, Bray, 1878 in-12). — *Les Francs-Maçons* par Mgr de Ségur (Paris, Tolra, 1875 in-18). — Etude sur *les Francs-Maçons* par Mgr Dupanloup. — *La Franc-Maçonnerie, révélations d'un rose-croix à propos des événements actuels* (Bar-le-duc, in-8°, 1877). — La *Franc-Maçonnerie et les projets Ferry*, par M.-E. d'Avesne (Paris, Gervais, in-12, 1879).

derniers efforts pour déchristianiser la France. Et cela dans un détestable but politique. Toute une troupe d'écrivains, parmi lesquels des hommes, en ce moment sénateurs ou députés, sont à l'œuvre, pour insulter et calomnier, par une monstrueuse et criminelle exploitation de l'ignorance populaire, le christianisme; et l'âpreté au gain de certains libraires aidant, grâce aussi à l'habile organisation d'une propagande formidable, le pays est inondé d'affreux petits livres à deux, quatre et six sous, où le plus grossier matérialisme, l'athéisme le plus effronté, la haine la plus furieuse contre la religion chrétienne, toujours sous le couvert du cléricalisme, font assaut de sottises, de sophismes et de mensonges (1). »

Tout se tient dans la société, et quand la clef des voûtes est enlevée, l'édifice s'écroule. Après la religion, clef de voûte de la société, l'armée, les finances et la justice, sur lesquelles reposent tout gouvernement, sont l'objet des mêmes attaques. « Renversez ou ébranlez l'une de ces colonnes, disait Bacon, tout tombe dans le trouble et dans la confusion » Cela explique pourquoi le prêtre, le magistrat, le soldat, sont désignés comme les vrais ennemis, « les maudits » du socialisme et de la révolution.

Le magistrat c'est le fonctionnaire « payé » par la société, par la tyrannie, « pour prononcer des condamnations injustes, contre les amis de la liberté » (*Ami du peuple*, 26 octobre 1873). Aussi rêve-t-on d'abolir la magistrature, de la remplacer par « la gratuité de la justice, l'établissement du jury élu par le suffrage universel pour toutes les affaires. » (Programme radical socialiste de septembre 1877.)

« On sait à quoi s'en tenir, disait l'*Internationale*, numéro du 12 décembre 1869, sur la moralité des magistratures que l'inviolabilité ne défend pas plus de la corruption qu'un couvercle de cristal ne défend notre nez contre les exhalaisons du fromage. La magistrature française est totalement corrompue. La magistrature belge est tellement avancée qu'elle marche toute seule. La magistrature allemande est à la hauteur de ses deux sœurs. » Quant à « ce tas de gredins, qu'on appelle des juges » ils « sont inamovibles et inviolables, il est vrai, mais malgré cela, ils pourraient bien un jour, être suspendus... à une corde. »

____

(1) *Où allons-nous ?* p. 31.

Pour l'armée, au moment même où M. Gambetta « jurait obéissance » aux électeurs de Belleville qui lui imposaient de voter « la
suppression des armées permanentes, cause de ruines pour les
finances et les affaires de la nation, source de haines entre les
peuples et de défiance à l'intérieur, » l'*Egalité de Genève* (numéro du 27 mai 1869) déclarait qué « le principe des armées permanentes ne se discute plus. C'est, dit cette feuille, la pierre
angulaire du despotisme ; c'est l'école de la servilité et de la dépravation, c'est la source première de la prostitution, c'est l'épouvantail du progrès, c'est le poignard dirigé contre la poitrine de
l'humanité, c'est la hache suspendue en permanence sur la tête
de la liberté, c'est le principe du parasitisme et de la misère,
c'est l'éternel obstacle à la fraternité des peuples. A bas les armées permanentes ! »

« Je le demandais déjà en 1848, écrit M. Henri Brissac, dans *le Citoyen*
du 7 août 1880, je le demandais déjà en 1848 dans des journaux et des
réunions. Partisan de l'unité républicaine européenne, comme je l'ai écrit
plusieurs fois déjà dans ce journal, je ne puis concevoir qu'on me prête
l'idée de vouloir le maintien de l'oppression, du carnage, de la honte et
d'une cause de ruine. »

En même temps qu'ils professent le principe de la suppression
des armées permanentes, les anarchistes n'ont pas assez d'outrages
pour les officiers et les soldats de l'armée qui a réprimé l'insurrection de 1871, et n'est point encore assez démoralisée, malgré
tant d'efforts, pour méconnaître ses devoirs. Il n'est plus possible
d'ouvrir un seul journal socialiste, sans trouver accolés aux noms
des officiers les plus connus, l'épithète de « reître sinistre », de
« traître », d' « infâme coquin », de « massacreur, » pendant que
les soldats sont désignés journellement comme des « criminels,
des « bandits », des « bourreaux », des « hordes sauvages, ivres
et débraillées, » comme « les assassins de 1871. » (Voir par exemple
le *Mot d'Ordre* et le *Citoyen*, des 29-30 juillet et 2 août 1880 ; il
faudrait citer tous les numéros de ces feuilles.)

Depuis la Commune, des chansons ont été répandues, pour
bafouer et outrager l'armée ; citons « les Capitulards » en 1873, et
« la Communarde » en 1875. (Voir *l'Ami du Peuple* du 9 mai
1875.)

Le 23 juillet dernier, dans la soirée offerte aux citoyens Rochefort, Olivier Pain, Blanqui, Eudes, Johannard, Amouroux, Brissac, par le cercle des Hydropathes, rue de Jussieu, on revient encore, à propos du général de Gallifet, sur les « généraux assassins du peuple, pour lesquels il n'y aura jamais d'amnistie. »

La poésie ne s'arrête ¦pas aux chansons, elle a de plus hautes prétentions, et les journaux des réfugiés de Belgique publiaient en 1875, une pièce de vers sur la mort de Ferré, où l'auteur Luigi Balni, appelle tour à tour les soldats français « brigands, mercenaires..., égorgeurs, troupe infâme et servile. »

Lisez plutôt :

> «.... oh ! quelles pourritures,
> Quelle sanie infecte en leurs veines ont-ils,
> Ces lâches prétoriens, ces stupides outils
> De la haine bourgeoise? Anathème ! Anathème !
> Aux bourreaux de Paris... »

C'est ainsi que le poète communard parle de l'armée. Puis, appelant le peuple au massacre de nos soldats, il s'écrie :

> Lève-toi donc, car le jour est venu
> D'en finir. Cette fois, sois moins pusillanime
> Et ne pardonne plus ; la fureur qui t'anime
> Est sainte ! Ecoute-moi, peuple, et sans te lasser,
> Immole tous ces gueux, ils en ont fait assez ;
> De leurs sanglants forfaits effroyable est le nombre :
> Eux vivants, le soleil est froid, le jour sombre.
> Et la vertu tressaille au révoltant aspect
> De ces représentants du despotisme infect.
> En avant la canaille ! O grande populace,
> Reprends sous le ciel bleu ta puissance et ta place !
> Va, mon peuple, sans peur ; dans ton œuvre sois fort ;
> Pour eux pas de prison, pas de mépris, la mort !
> La prison, on en sort ! Le mépris, ils s'en moquent !
> Surtout n'écoute pas les trembleurs ; s'ils évoquent
> Ta magnanimité, s'ils te jettent de l'encens,
> C'est pour mieux t'aveugler ; fait qu'ils soient impuissants.
> Hercule ! écrase l'Hydre au fond de son repaire...
> Quand donc sonneras-tu, tocsin des représailles,
> L'heure de la vengeance? O bandits de Versailles,
> Assassins des vaincus, plats valets des vainqueurs,
> A notre tour, bourreaux !...

En même temps qu'ils outragent l'armée, les révolutionnaires ne négligent aucune occasion de prêcher l'indiscipline et la révolte des soldats contre leurs chefs. Il suffira de citer cette adresse, votée le 22 juillet 1880, par le Congrès de Paris :

« Les ouvriers socialistes révolutionnaires réunis en Congrès à Paris,

« Considérant que l'armée française est formée (presque exclusivement) de prolétaires comme nous, et dont la majeure partie est animée des meilleurs sentiments pour la République ;

« Considérant que les citoyens soldats qui ont été dans plusieurs villes, notamment à Toulouse et à Nantes, punis d'emprisonnement pour avoir acclamé la République le 14 Juillet dernier (1), ont été victimes d'une injustice que nous blâmons au nom de la solidarité :

« Les ouvriers socialistes envoient à ces citoyens l'expression de leurs sentiments fraternels. »

§ 5. — *La famille.* — *Les unions libres.* — « *Matérialisation* » *de la femme en vue de son exploitation par la révolution sociale.*

Avec de telles idées sur les principes fondamentaux de la vie des peuples, on conçoit quelle opinion doit avoir le parti révolutionnaire sur l'éducation des enfants et les liens de la famille.

Le programme radical socialiste, publié en septembre 1877, portait à l'article 6 :

« La refonte des lois qui régissent la famille, notamment : le retour à la loi sur le divorce, l'égalité de la femme devant le code civil. »

Ce n'est là qu'un programme vague qui a besoin d'éclaircissements ; nous les trouvons dans un article signé Jules Guesde, programme qui fut lu au procès du Congrès ouvrier en 1878 :

«... Quelle a été, y est-il dit, dans une série de demandes et de réponses, la cause de la constitution actuelle de la famille ? — La supériorité de force du mâle sur la femelle et de l'homme fait sur l'enfant à un moment de l'humanité où la force faisait droit.

« Doit-elle être conservée ? — *Non.* L'intérêt de l'espèce, autant que l'in-

(1) Ces « acclamations » consistaient en des scènes d'ivrognerie et d'indiscipline, et des manifestations révolutionnaires blâmées par tous les soldats qui se respectent.

térêt des éléments qui entrent dans la composition de la famille, exige que *cet état de choses disparaisse.*

« Comment cette transformation s'opérera-t-elle pour la femme? — Par son émancipation intellectuelle et économique.

« Pour l'enfant? — Lorsque les moyens de satisfaire ses besoins et de développer ses facultés lui seront socialement assurés, avec, sans, et *contre la famille, au besoin.*

« *La famille n'est-elle pas appelée à disparaître?* Il se peut qu'un jour vienne où elle n'aura plus aucune raison d'être. »

Ainsi la famille est appelée à disparaître ; elle ne doit pas être conservée.

Pour arriver à la détruire, on agira sur la femme et sur l'enfant.

Voyons d'abord ce que l'on entend par l'émancipation de la femme.

Dans le dernier Congrès révolutionnaire de Paris, on s'est occupé particulièrement du rôle de la femme dans la société. On s'en était occupé déjà au Congrès de Marseille en 1879.

« Il faut, disait-on dans la séance du 22 octobre 1879, que la femme devienne l'égale de l'homme. L'homme n'est pas supérieur à la femme par l'intelligence, car, ajoutait-on, *l'intelligence se mesure au poids du cerveau.* »

Quant à la différence des fonctions physiques, il ne faut pas s'en préoccuper : « Tout *change* dans le monde, tout se perfectionne, l'espèce humaine comme les autres espèces d'animaux.

« Peut-être viendra-t-il un jour où les différences sexuelles auront disparu, et ce jour-là personne ne dira plus que la nature a créé l'homme supérieur à la femme. » Le transformisme en même temps que le matérialisme, l'ineptie pour dernière conséquence de la divagation ! Mais aussi l'immoralité, car on proclame que « l'homme et la femme doivent conserver leur indépendance, » le principe des sociétés révolutionnaires « étant chacun pour tous et tous pour chacun », la théorie de l'amour éphémère, de l'union libre enfin !

« L'émancipation absolue de la femme, comme celle de l'homme, prolétaires, dit le délégué du groupe d'études sociales du 7° arrondissement de Paris (23 juillet 1880), ne s'obtiendra qu'au moyen de la Révolution ayant pour but une transformation complète de la société. Certes, nous aussi, nous disons que la femme doit être l'égale de l'homme à tous les points de vue, civil, économique et politique ; elle doit jouir des mêmes droits, puisqu'elle est naturellement astreinte aux mêmes devoirs.

« Elle ne doit pas, par le mariage tel qu'il est ridiculement pratiqué aujourd'hui, devenir en quelque sorte la chose, l'esclave de l'homme auquel elle se trouve, de par la loi, et quelquefois contre son gré, liée pour le reste de sa vie.

« L'homme et la femme ne sont pas deux êtres différents, il n'y a qu'un être humain sous deux faces qui correspondent et se réunissent dans un besoin de vie commune ; c'est pour quoi l'union doit être absolument libre ».

Qu'importe l'adultère ! et qu'est-ce donc cela ! Une femme est infidèle à son mari. C'est « une courtisane » dites-vous ?

Le citoyen Fournières vous répond (séance du 23 juillet 1880) :

« — Non, cent fois non. On l'a obligée à conclure un marché avec un inconnu ; ne trouvant dans les lois aucun article la dégageant du contrat pour cause d'incompatibilité d'humeur, elle passe par-dessus la légalité et consomme l'adultère.

« Quel homme de sens peut la blâmer, dit-il ? N'est-ce pas une révoltée au même titre que l'esclave antique s'insurgeant contre son maître ? En quoi a-t-elle moins de droits que lui ? »

C'est à de pareilles théories qu'on en vient !

Le même orateur s'écriait encore :

« Disons-lui bien haut (à la femme) que sa force cérébrale peut avantageusement suppléer à son infériorité musculaire ; qu'en contractant des devoirs, elle a acquis des droits, et que nous voulons, nous, collectivistes-révolutionnaires, l'affranchir de l'exploitation de l'homme comme nous voulons nous affranchir nous-mêmes de toute exploitation.

« Qu'alors seulement pour la femme disparaîtra cette monstruosité sociale, ce dilemme infâme : mourir de misère ou se prostituer. »

Heureusement, nous avons recueilli des aveux précieux sur les raisons qui font agir les révolutionnaires dans ce sens. Est-ce donc cet amour de la justice et de l'égalité dont ils se targuent ?

Non, le vrai mobile des révolutionnaires, c'est la haine, la haine « sublime » comme ils disent.

« Le prolétaire, disait un orateur au congrès de Marseille, le 29 octobre 1879, ne rencontre partout qu'isolement, haine et mépris ; aussi rend-il haine pour haine, mépris pour mépris.

« Unissons nos cœurs pleins de fiel, ajoutait cet homme aigri et furieux, faisons entrer dans notre association, de gré ou de force, tous les dissidents. »

Voilà pourquoi il leur faut s'attacher la femme par leurs théories libres si séduisantes pour des esprits légers et par leurs grands mots d'égalité, de justice et de droits.

Pour détruire la famille, « c'est la femme qu'il faut avant tout arracher aux serres du christianisme qui lance son imagination dans l'idéal. » Et qu'offrent les révolutionnaires à la femme, en place de la religion ? Ils lui offrent — consolant idéal ! — de « la ramener vers la terre *en la matérialisant* ». (Congrès de Marseille, 25 octobre 1879.)

C'est si bien pour en faire des esclaves aveugles et « matérialisées », pour augmenter les forces de la révolution sociale qu'ils agissent ainsi, que le *Bulletin officiel* du congrès de Marseille l'anonçait en ces termes : « Les travailleurs ont compris que conserver la femme esclave c'est un crime autant qu'un *danger ;* ils ont compris que les femmes naturellement, humaines, *se mettraient du côté des réformateurs les plus hardis*, et qu'ainsi les efforts des prolétaires et ceux des femmes convergeant au même but, l'application intégrale de la Justice permettrait *peut-être* à la révolution nécessaire d'être pacifique. »

Et les conclusions du congrès « considérant *tout l'avantage* qu'il y a pour le prolétariat *à se ménager le concours des femmes*, dans sa lutte contre les privilégiés» reconnaît l'égalité absolue des deux sexes, les mêmes droits sociaux et politiques aux femmes qu'aux hommes, et pour garantir la dignité et la moralité des femmes, la complète liberté d'action en toutes circonstances.

Mais ce sont là des séductions; le vrai motif de cet intérêt porté sur la femme, nous le retrouvons dans les dernières phrases de cette pièce :

« Voilà, citoyennes et citoyens, dit le rapporteur des congrès, le conclusions que je suis chargé, par la commission, de soumettre à votre appréciation. En les adoptant, *vous n'aurez jamais travaillé* plus efficacement à la révolution, car vous faites entrer sur la scène du monde neuf millions d'esclaves pour leur dire : vous êtes libres! » C'est encore ce qu'avouait, en glissant, le 23 juillet dernier, à l'Alhambra, le citoyen Fournières :

« Deux raisons, nous l'avons dit, nous déterminent à élever la voix en faveur de ces déshéritées entre les déshérités :

« D'abord, l'humanité ;

« *Puis (raison toute mathématique)*, un intérêt vital, *inhérent à l'ordre social et économique que nous voulons établir.* »

Malgré ces aveux, le piège n'est pas découvert : l'émeute prochaine, comme ses devancières, aura ses « barricardières », ses « pétroleuses » et ses « fuséennes ». Déjà les professions de foi s'élèvent :

« Désormais, disait le 24 juillet 1880 la citoyenne Tinagre, votre cause est notre cause. *Nous vous suivrons*, nous vous assisterons dans la lutte que vous allez entreprendre, sur le terrain du droit. Mais, si vous ne réussissiez pas à convaincre vos adversaires de la justice de vos revendications ; si, après avoir épuisé tous les moyens de conciliation, *il vous fallait recourir à la force...* eh bien ! *nous vous suivrions encore !* Et si vous étiez vaincus !... comme dans la semaine sanglante, nous *saurions mourir avec vous, sur les barricades !* »

Voici quelles ont été les résolution du congrès du Centre en 1880 sur la question de la femme. Mais il ne faut pas oublier qu'il s'agit ici d'un programme minimum, contre lequel un certain nombre de socialistes ont protesté, le trouvant beaucoup trop modéré, bien que les meneurs aient expliqué qu'il s'agissait, avant tout, de ne pas effrayer les ouvriers timides non encore affiliés.

« Considérant que nul être humain ne peut entraver, limiter, ni remettre à plus tard l'exercice des droits d'une partie de l'humanité lésée depuis des milliers de siècles :

« Qu'en admettant même que ces droits lui soient refusés par nos gouvernants, ce serait une raison de plus pour que nous les réclamions ;

« Qu'ainsi, si les prolétaires refusaient d'accorder ces droits immédiatement, ils créeraient une inégalité des deux sexes et donneraient une arme à nos ennemis communs, les bourgeois, contre l'émancipation de la femme ;

« Que d'autre part, si les droits politiques lui étaient accordés légalement, ce serait une période éducative excellente, au point de vue de l'harmonie dans la société transformée ;

« Que, si cette période éducative doit nous être contraire, il vaut mieux la corriger dans cette société future ;

« Le Congrès réclame :

« L'égalité politique, civile ;

« L'égalité des salaires ;

« L'égalité de l'instruction à tous les degrés ;

« L'égalité d'éducation ;

« Enfin, l'égalité complète et immédiate pour les deux sexes. »

On compte ainsi séduire ces « neuf millions d'esclaves » dont on espère faire, sous prétexte de les rendre libres, autant de révoltés. Le discours de la citoyenne Tinagre montre bien que les fauteurs d'émeute ne se trompent pas.

§ 6. — *L'éducation athée, civique, scientifique, intégrale.— Les droits de l'État contre les droits de la famille. — Le « nommé Dieu. »*

Quant à nos enfants, les agitateurs ont pour tâche d'en faire une génération d'athées, d'impies, d'affamés de jouissances. Un homme qui fait autorité pour les républicains, Washington, disait : « Ne permettez jamais que l'éducation soit séparée de la religion », les révolutionnaires professent un sentiment diamétralement opposé. On a défini le socialisme : la science de l'homme-pourceau. C'est un peu cela : car l'unique objet de la vie pour les socialistes c'est la ripaille. Mais, comme il faut être aveugle ou fou pour s'imaginer qu'on trouvera, dans n'importe quelle catégorie sociale, un bonheur ineffable et éternel, la conséquence logique c'est que l'athée, qui ne croit en rien qu'à la jouissance, l'impie qui n'espère rien en dehors de ce bonheur absolu qu'il cherche sur cette terre, souhaitera bientôt, comme au Club Favié, d'être assez fort pour poignarder Dieu au ciel, il se croira assez puissant pour détruire de fond en comble la société dans laquelle il ne rencontre pas ce qu'il désire.

Voilà donc de nouvelles légions de désespérés qu'il faut créer.

Aussi la question de l'éducation, mise à l'ordre du jour des Congrès du Centre, est-elle considérée comme étant de grande importance :

« Important entre tous est le problème de l'éducation : disait, le 24 juillet 1880, le délégué de l'alliance des groupes révolutionnaires socialistes.

« C'est par l'éducation que l'homme sera complètement régénéré ; c'est *par elle que la Révolution* deviendra définitive et normale. Aussi est-ce avec raison que les socialistes y attachent la plus grande importance. »

En effet, comme le répète le même jour la citoyenne Tinagre :

« La question est capitale.

« Frères socialistes, vous savez combien notre éducation incomplète, égoïste, a produit d'antagonisme parmi nous. Si nous ne pouvons pas nous changer, ne perpétuons pas un état moral si préjudiciable à nos intérêts. Que nos enfants, dans l'école transformée selon nos principes, apprennent et pratiquent les lois de la solidarité, de l'égalité. Ils les imposeront au monde et la *révolution sociale*, faite d'abord dans les esprits, cessera d'être une surprise de la force, que la force peut détruire. »

Pour arriver à cette préparation de la révolution sociale, il faut commencer par supprimer les notions religieuses et par détruire la foi et toutes les croyances.

De là, ces programmes d'école d'où le nom même de Dieu doit être banni, ces délibérations du Conseil municipal de Paris, où l'on voit M. Hovelacque déclarer que le devoir du Conseil est de faire « jusque dans les moindres détails une lutte quotidienne implacable contre l'intrusion de l'idée réligieuse dans nos écoles. » (Rapport sur les livres de prix en mai 1879.)

Je ne veux pas parler ici du programme du gouvernement actuel et des projets du M. Jules Ferry, premières lignes de ce plan impie : cela m'entraînerait trop loin. Un orateur du congrès collectiviste révolutionnaire du centre, le citoyen Faillières, va nous dire quelles sont les idées du parti révolutionnaire sur l'enfant et sa première éducation. (Séance du 24 juillet 1880.)

« Considérant que l'enfant est le résultat du rapprochement des deux sexes générateurs ;

« Considérant que l'enfant est destiné à jouer, après la disparition de ses parents, un rôle d'iniative, il y a lieu de contester aux parents le droit d'élever leurs enfants qui pourraient être, du fait de leurs procréateurs, placés, au point de vue mental et matériel, dans des conditions inférieures dans la société qui doit veiller à ce que ceux qui sont appelés à apporter leur part contributive commune aient toutes leurs facultés dans l'équilibre indispensable :

« L'ennemi de l'enfant, et par contre, celui de la Société, c'est l'homme.

« Que fait l'homme aussitôt qu'il est père ?

« Il commence par porter son poupon dans une église où un polichinelle noir marmotte quelques sottises romaines, vend de l'eau et éclaire le soleil. Arrivé dans ce lieu dit saint, malgré quelques petites incartades qui y sont souvent commises, arrivé là, dis-je, le susdit guignol prend un peu de sel, un peu d'huile, et opère sacerdotalement ce que l'on appelle un baptême. Voilà un catholique fait de toutes pièces, voilà un être enrégimenté dans le bataillon des ennemis directs de la société. N'est-ce pas là un lâche abus de pouvoir paternel? N'est-ce point, au début de l'existence, porter atteinte à la liberté de celui que vous avez créé?

« L'enfant grandit, on lui parle de Dieu, du ciel, de l'enfer, de la sainte Vierge, de l'Enfant-Jésus, de l'Immaculée Conception, etc., jusque vers 13 ans, âge auquel il fait ce qu'on est convenu d'appeler une première communion, abruti et hébété par ce qu'on nomme le catéchisme. Deux jours après la cérémonie baroque, le père prévient que tout cela était faux, que c'étaient des sornettes.

« Pourquoi les avoir enseignées? Pourquoi, depuis la plus tendre enfance, berner un cerveau par une foule de stupidités qui ne peuvent supporter l'examen et qui sont en contradiction avec les grandes vérités universelles ? Il est aussi illogique de placer un enfant dans les langes du mysticisme jusqu'à quatorze ans que de le laisser dans son maillot jusqu'à cet âge. Croyez-vous que l'être resté jusqu'à treize ans dans un sac aura l'agilité de la locomotion? Non. Croyez-vous que le cerveau encerclé dans le religiosisme pourra se développer? Non.

« Croyez-vous qu'arrivé à l'âge de puberté, l'adulte émacié pourra coordonner de saines idées? Non.

« Eh bien ! père, vous êtes l'ennemi de votre enfant et de la société. »

Il faut donc enlever l'enfant à la famille, à ses « ennemis, » pour lui donner l'enseignement civique intégral, c'est-à-dire universel :

car une des prétentions du parti révolutionnaire, c'est de faire tout apprendre à tous les enfants. Quoi de plus séduisant que cette définition donnée par la citoyenne Tinagre (congrès de Paris, 24 juillet 1880).

« Qu'est-ce que l'éducation intégrale, cette éducation revendiquée par tous les programmes socialistes repoussée par tous les programmes officiels et dont Charles Fourier a porté l'idée dans le monde ?

« L'éducation intégrale est la culture harmonique de toutes les facultés de l'être humain : ses résultats, le développement complet de nos organes; son but, le bonheur de tous résultant de l'intérêt et du bonheur de chacun. »

Les délégués de l'Internationale, aux congrès de Genève, de Bâle, de Lausanne, de Bruxelles, voulaient aussi que l'enseignement « fut intégral, scientifique et professionnel, sans cesser d'être, ou plutôt pour commencer d'être vraiment littéraire et philosophique. A la fausse gratuité, payée fort cher, dont nous leurre la démocratie vulgaire, ils opposaient la seule gratuité possible, celle qui sera basée sur le travail productif, sur le travail manuel de l'élève. Par cette réforme si simple, si facile à exécuter en grand, quand on dispose des ressources de l'Etat, et depuis si longtemps réclamée, la gratuité cesse d'être un mensonge et l'obligation un surcroît de misère. » (*Révolution française* du 12 mai 1879).

J'ai montré plus haut (p. 32) l'idée que le congrès de Marseille veut donner à l'enfant, pendant son éducation, sur le clergé, l'armée, la magistrature.

« En même temps que nous saperons le respect de l'autorité dans le cœur de l'enfant, dit un orateur, dans la séance du 25 octobre 1879, bannissons-en aussi l'idée de Dieu. Nous ne voulons plus de religion, mais une morale scientifique et indépendante. »

Et développant ce programme donné par le journal *la Révolution française*, « c'est, dit-on, vers l'âge de 12 ans, que doit commencer l'instruction en dehors de la famille. Elle doit être civile, — non pas donnée par des civils, mais irréligieuse ou athée — gratuite, obligatoire, intégrale.

« Elle doit être civile et non simplement laïque, car tant que l'on continuera dans les écoles à parler de l'Etre-Suprême, nous irons à la décadence. Ce qu'il nous faut, ce sont des écoles sans Dieu...

« L'instruction doit être intégrale, c'est-à-dire encyclopédique, car dans une société démocratique, il faut que chaque citoyen puisse aspirer aux plus hautes fonctions. »

Le congrès de Marseille, considérant d'ailleurs « que l'enseignement religieux dans les écoles, fait perdre un temps précieux à la jeunesse, enseigne aux enfants des choses ridicules, pervertit leur conscience, et ne leur enseigne aucune des choses qu'ils devraient savoir, c'est-à-dire, comment on devient en travaillant, des citoyens utiles à son propre pays » vote, « l'interdiction absolue de tout enseignement religieux dans les écoles. »

« Il est temps de chasser le prêtre de l'école, d'enlever l'enfant à l'enseignement abrutissant de l'Eglise, dit le *Mot d'ordre* du 5 août 1880.

« Quoi que le ministre, quoi que les conseils municipaux fassent dans ce sens, dussent-ils laisser tomber en désuétude par défaut d'application des lois malfaisantes, ils sont assurés d'avance de l'approbation de tous les vrais républicains. »

Mais d'ailleurs, il faut voir comment le congrès de l'Alhambra raille le système de laïcité d'enseignement, dont parlent certains opportunistes :

« Nous comprenons l'instruction laïque, dit le citoyen Dupas (séance du 24 juillet 1880), par l'*exclusion de tout élément religieux* qui vous oblige à croire ce que vous ne pouvez comprendre, qui vous fait voir à travers un prisme enchanteur, les jouissances célestes, ou, à travers un sombre mirage, la grande broche où l'on va rôtir éternellement ; enfin, toutes sortes de choses qui ne servent qu'à *l'abrutissement des masses*. Eh bien ! que nous donne-t-on ? Ah ! quelque chose de très bien. On nous donne des maîtres qui, au lieu de porter la souquenille du prêtre, sont habillés comme le plus commun des mortels, mais qui n'en conduisent pas moins nos enfants à l'église, ne leur enseignent pas moins le catéchisme et l'histoire sainte, qu'il faut apprendre par cœur, et par conséquent ce qui absorbe le plus de temps.

« Eh ! que nous importe l'habit ? Ce qu'il nous faut, ce sont des instituteurs libres de toute idée superstitieuse ; et en cas qu'ils faiblissent à leurs devoirs d'instituteurs civils, leur appliquer un règlement pédagogique, interdisant l'entrée dans l'école des livres autres qu'utiles, *interdisant le récit de ces prières que* les enfants marmottent entre leurs dents, si bien qu'on les prendrait pour des *idiots*, et que, sous peine de révocation, il soit interdit d'invoquer *ce que* les inventeurs de l'ignorantisme *nomment Dieu*, »

Au surplus, n'est-ce pas ce que l'ancien président du conseil municipal, le citoyen Bonnet-Duverdier demandait dans son journal, (le 19 pluviose an 84) en écrivant : « Il faut surtout fermer l'école à toute doctrine religieuse. »

N'est-ce pas ce que M. Léon Gambetta lui-même voulait aussi, lorsque dans une réunion du boulevard de la Chapelle, en 1869, il osait dire : « Les filles élevées dans les établissements religieux sont, ou des sottes dévouées aux momeries de l'Eglise, ou des prostituées. »

Enfin, pour montrer que sur ce point les radicaux et les socialistes sont d'accord, faudrait-il rappeler cette phrase de l'*Avant-Garde,* journal des réfugiés de la Commune à l'étranger, parlant de M. Michelet dans son numéro du 18 mai 1876 : « Ce sera l'honneur du grand écrivain, d'avoir voulu arracher au prêtre le cœur de la femme, de l'enfant, et demandé sans relâche, que l'Eglise fût chassée de la famille, de l'école et de l'Etat ? »

« L'Alliance de la démocratie socialiste » de Genève, cette section de l'Internationale présidée par Bakounine (le socialiste russe, qui prit part au mouvement insurrectionnel de Lyon, le 28 septembre 1870), déclarait en 1869, en sa qualité « d'athée », vouloir

« pour tous les enfants des deux sexes, dès leur naissance à la vie, l'égalité des moyens de développement, c'est-à-dire d'entretien, d'éducation et d'instruction à tous les degrés de la science, de l'industrie et des arts, convaincue que cette égalité d'abord seulement économique et sociale, aurait pour résultat d'amener de plus en plus une plus grande utilité naturelle des individus, en faisant disparaître toutes les inégalités factices, produits historiques d'une organisation sociale aussi fausse qu'inique. »

On en était encore aux revendications générales, aux données vagues.

En 1880, le Congrès collectif et révolutionaire de la région du centre est plus précis ; il rêve une « éducation intégrale, » c'est-à-dire universelle, « civique, » mot par lequel il entend révolutionnaire et athée, il veut que l'enfant soit arraché à la famille, et il adopte les résolutions suivantes en matière d'éducation :

« Le Congrès régional du Centre,

« Considérant que tous les êtres humains ont le même droit au développement intégral de toutes leurs facultés ;

« Considérant que l'éducation *civique*, qui a été négligée jusqu'à présent, est des plus importantes dans une société bien organisée ;

« Considérant, d'autre part, que ce développement est impossible si l'enfant reste à la charge de ses parents ;

« Considérant, enfin, que l'éducation de l'homme n'est jamais achevée, et que tout citoyen doit être mis à même d'acquérir de nouvelles connaissances et de suivre la marche toujours ascendante de l'esprit humain,

« Adopte les résolutions suivantes :

« 1° L'éducation, dans la société future, sera tout à la fois physique, intellectuelle, morale, professionnelle, civique et économique, c'est-à-dire intégrale ;

« 2° Les enfants des deux sexes seront à la charge de la société jusqu'à ce que cette société les ait mis à même d'exercer une profession conforme à leurs aptitudes ;

« 3° L'éducation sera continuée au moyen de conférences faites dans chaque commune et à tour de rôle par tous les instituteurs des communes du canton. Ces conférences porteront successivement sur tous les sujets scientifiques, civiques et économiques.

On a fait, il est vrai, quelques allusions dans le Congrès du centre aux projets Ferry. Quelques-uns les ont approuvés et se montrent satisfaits. D'autres, comme la citoyenne Tinagre, se demandent s'ils n'offrent pas encore trop d'inconvénients :

« Avant d'accepter les bienfaits de l'enseignement obligatoire, dit cette citoyenne (séance du 24 juillet), il serait bon que le prolétariat s'enquit, sérieusement, des principes sur lesquels le gouvernement compte asseoir son système d'éducation. Est-ce que la religion d'Etat succédera, dans l'école, à la religion catholique? Est-ce que saint Jules Simon et sainte Juliette Lambert remplaceront saint Ignace de Loyola et sainte Marie Alacoque?

« Voilà ce qu'il faudrait savoir, avant de nous livrer aux transports de la reconnaissance. »

Quoi qu'il en soit, avec le programme révolutionnaire, l'enfant débarrassé de toute idée religieuse, élevé dans la haine et le mépris du prêtre, du soldat et du magistrat, nourri de connaissances encyclopédiques, farci de grands mots sonores et vides, et persuadé qu'il sait tout, orgueilleux et glouton par conséquent, apprendrait encore dans l'école-atelier à se servir des *outils-souches*, sortes d'outils auxquels on ramènerait ceux des diverses professions; on le familiariserait avec les matières premières principales. Et il sortirait de là, croit-on, « parfaitement préparé à toutes les professions. (Congrès de Marseille, séance du 25 octobre 1879) comme il convient dans un pays où la collectivité de la propriété et des instruments de travail nécessite le travail de tous. » ... Mais laissons là ces rêveries !...

§ 7. — *Plus d'État, plus de pouvoir, plus d'autorité, l'anarchie. — Les nouvelles couches et le Quatrième État. — L'agitation électorale, « mesure de tactique. » — Les bulletins de vote destinés à bourrer les fusils.*

Il ne faut pas s'attendre à un exposé bien clair de doctrines gouvernementales de la part des révolutionnaires; le propre de ce parti étant de n'en point avoir.

« Quarante-huit heures de pillage et de robes de soies; voilà notre programme, disait un insurgé de 1848 (1). » Les révolutionnaires de 1880 n'en ont pas d'autres.

(1) Claudio Jannet. *Les Sociétés secrètes*, tome I, p. CVII.

Des phrases creuses, retentissantes, répondent à tout dans les discours et les journaux communistes, anarchistes, autoritaristes, collectivistes, etc.

Un membre de la Commune de Paris, le citoyen Arthur Arnould, a publié en 1878, un volume sur *l'Etat et la Révolution*, où l'on en trouve la preuve.

« Nous voulons tous, dit-il, page 68, la justice, l'égalité sociale. Là-dessus point de discussions.

Comme le disait naïvement un orateur du Congrès du centre, ce sont « les points de principes qui nous divisent le plus. » En dehors des généralités, on ne s'entend plus.

« Pour les uns, dit le citoyen Arnould, cette justice s'appelle le communisme, pour d'autres le phalanstère, pour d'autres le collectivisme, pour d'autres le mutuellisme, pour d'autres coopération, etc., etc.

« Quelle solution adoptera l'*Etat ouvrier ?*

« La communiste ?

« La Proudhonnienne ?

« La Fouriériste ?

« La Saint-Simonienne ?

« La collectiviste ?

« Celle de Karl Marx ?

« Celle de Bakouninne ?

« Ou celle du Congrès ouvrier ?

«.... Puisqu'il est l'Etat, il est l'unité et la centralisation. Il faut donc qu'il choisisse une solution à l'exclusion des autres ? »

Mais, comme s'il n'y avait pas encore assez de ces systèmes divers, l'auteur de l'*État et la Révolution*, en propose un autre qu'il appelle : «l'*autonomie fédérale*, conviant les travailleurs, les intéressés, les groupes naturels rentrés dans leur liberté d'action, à trancher toutes les questions qui les touchent et à se solidariser au mieux des intérêts généraux et particuliers. »

C'est à peu près d'ailleurs ce que réclame, du moins pour la commune, en son article 10, le programme radical socialiste de 1877 : « L'autonomie de la Commune totalement débarrassée de la tutelle de l'État» bien que l'article 22, sans doute purement transitoire, stipulât que :

« Dans le cas de la révision de la constitution, le député devra demander :

1° La suppression du Sénat, la suppression de la Présidence ;

2° L'établissement d'une Chambre unique, permanente, renouvelable tous les deux ans, ayant pour but de gérer les affaires du pays, de préparer les lois et de les faire exécuter par des ministres pris dans son sein et toujours révocables par elle... »

Au fond ce qu'ils appellent : « la politique ouvrière et décentralisatrice consiste donc, comme le disait le *Mirabeau* de Verviers, le 20 janvier 1878, non pas à former un Etat ouvrier qui remplacerait l'Etat bourgeois, mais bien à supprimer, à détruire l'Etat dans ses rouages...»

Voilà bien le vrai, le seul projet des révolutionnaires des congrès de l'Internationale et de la Commune de Paris, la destruction universelle, l'anarchie.

« Tout Etat, continue la même feuille, étant autoritaire, centralisateur, il est par soi-même un obstacle à la libre fédération des peuples. »

« Ce que nous voulons, disait le 15 janvier 1878, un rédacteur du *Réveil*, c'est le changement des institutions.

« Nous voulons l'autonomie individuelle, locale et corporative, c'est-à-dire la destruction des pouvoirs, son émiettement plutôt et sa répartition équitable entre tous les citoyens. »

« La commune maîtresse de son administration et de sa police et toutes les fonctions publiques rétribuées, dit de son côté dans son programme politique le congrès collectiviste révolutionnaire du Centre en 1880.

« Je crois, dit Fallière le 19 juillet, que l'autonomie de la commune est juste, sauf les particularités locales (évidemment il y a dans certaines communes des particularités toutes spéciales) et *j'admets l'autonomie de la commune pour certains cas tous locaux*; mais dans la question générale, ne reconnaissons qu'un seul mot d'ordre, qu'une seule impulsion, le collectivisme. »

« Enfin, il ne s'agit plus maintenant de révolutions politiques, écrivait un rédacteur du *Réveil* le 3 mars 1878, il ne s'agit plus de savoir qui sera l'Etat, qui aura le Pouvoir, qui gouvernera. Il ne faut *plus d'Etat, plus de Pouvoir, plus de Gouvernement*, et c'est la *Révolution sociale*, que l'Europe attend de la France, qui délivrera le monde de sa servitude, et élèvera le seul trône devant lequel l'humanité puisse désormais s'incliner, celui du Travail et de la Justice. »

« Tout gouvernement est un non-sens depuis la déclaration des droits de l'homme, disait-on le 30 octobre de l'année dernière au congrès de Marseille. Nous ne retrouverons la stabilité que lorsqu'on aura proclamé l'*anarchie*. »

C'est donc bien là le dernier mot de la politique révolutionnaire en matière de gouvernement, et pour le *Mirabeau* toute la question consiste à savoir « comment arriver maintenant à détruire l'État ».

Arthur Arnould nous parlait tout à l'heure de « l'État ouvrier », c'est ce qu'on a appelé depuis « le 4e état » formé de ce que M. Gambetta a nommé les « nouvelles couches ». Seulement, au temps où M. Gambetta parlait ainsi, la scission entre la bourgeoisie révolutionnaire et le prolétariat n'était pas encore tout à fait aussi complète.

> « Et c'est, porté par les flots du 4e état, que le maître des destinées de la France, M. Gambetta, s'est élevé des bas-fonds du café Procope aux splendeurs du Palais Bourbon » remarquait-on le 27 octobre 1879 au Congrès de Marseille.

Mais ce qui devait arriver arrive, et les prolétaires du Congrès ajoutent :

> « En le voyant là, lui, l'homme des nouvelles couches, nous sommes en droit de nous demander pourquoi nous n'y sommes pas avec lui. Comme l'ancien tiers état, le parti ouvrier a la volonté d'être tout et il en a aussi le pouvoir. Le 4e état doit remplacer logiquement le troisième, car celui-ci comme l'ancienne noblesse, et plus qu'elle, a commis toutes les fautes. Hier encore, la bourgeoisie eût pu faire utilement sa nuit du 4 août ; elle ne la pas fait, à présent il est trop tard. »

Ainsi le Quatrième-état doit être tout. Et comment y parviendra-t-il ? En se faisant représenter par des ouvriers, des prolétaires, pour se débarasser ensuite de la bourgeoisie, de « ce gouvernement bâtard qui a tout promis et qui ne tient rien, s'écriait un orateur du congrès de Lyon, le 3 février 1878, qui n'est ni l'autorité ni la liberté, mais un je ne sais quoi qui n'a de nom dans aucune langue honnête et dont le but est la spéculation, l'agiotage, l'infamie pour tout dire. »

> « En attendant, disait-on au même Congrès de Lyon, méfions-nous des avocats comme de la peste... Que le passé nous serve de leçon ! Un avocat, et le plus grand parmi eux, Mirabeau, a trahi la cause du peuple qu'il avait juré de défendre, dès que le peuple n'a plus été nécessaire à sa fortune ; par celui-là, jugeons des autres. Tous les Mirabeau ne sont pas morts. »

C'est dans le congrès de Lyon que fut arrêtée en principe la représentation directe des ouvriers aux corps élus. « Nous sommes le nombre dans la nation, disent les prolétaires, soyons-le dans ses conseils. »

Et si, depuis deux ans, les candidatures ouvrières n'ont pas été plus nombreuses ou plus énergiquement soutenues, c'est que parmi les meneurs, l'entente n'était pas faite encore sur l'utilité de la représentation du prolétariat aux chambres. Les uns, dont la minorité du congrès de Paris en 1880 s'est faite l'interprète, trouvent que « prendre part au vote c'est reconnaître implicitement ie parlementarisme, c'est abandonner la tradition révolutionnaire, c'est, en un mot, se servir d'un moyen exclusivement bourgeois qui n'a jamais donné que de mauvais résultats. »

Les autres, comme la majorité du congrès de Paris, ont été d'un avis tout à fait opposé.

A Lyon, dans la séance du 3 février 1878, on avait ainsi compris les avantages de la participation aux élections :

« Toutes nos forces doivent tendre principalement à franchir l'enceinte des assemblées politiques ; c'est là que sont les vraies forteresses des classes privilégiées. *Quand nous serons dans la place, il nous sera plus aisé de la détruire, et avec elle la société qu'elle protège.* »

Au congrès de Marseille, l'année suivante, la création du 4ᵉ état fut l'objet de la 8ᵉ question soumise à la discussion.

Et il est demandé que « le prolétariat fasse une scission complète ·avec la bourgeoisie et se sépare d'elle sur tous les terrains à la fois intellectuel, juridique, politique et économique. Votre commission, dit le le rapporteur, vous propose donc de voter la formation en France d'un parti de travailleurs dont le but sera d'appliquer toutes les solutions du congrès ouvrier socialiste de Marseille et de ceux qui suivront, en tant que ces résolutions entreront dans l'application de la justice, que le prolétariat pourra poursuivre par tous les moyens possibles. Si chaque groupe, commune ou région, doit être autonome, ils ont pour obligation, au moins morale, de présenter à toutes les élections des candidats ouvriers socialistes partout où faire se pourra et où il y aura possibilité. »

Le Congrès souscrivit à cette dernière opinion.

« D'après le rapport au congrès de Marseille sur la question de propriété, l'organisation du quatrième état ou *parti ouvrier* « doit se faire par la fédération des chambres syndicales, des groupes d'études sociales, des sociétés de consommation et de production, et à la condition que les ouvriers seuls composent toutes ces réunions. »

Ces derniers mois furent mis à profit pour un essai de fédération. La presse révolutionnaire est chaque jour remplie de nombreuses convocations et de comptes rendus d'assemblées ouvrières socialistes révolutionnaires.

En même temps, la question de la participation aux élections paraît avoir été vivement agitée dans les conciliabules de la section française de l'Internationale et dans ceux de l'union fédérative. (V., par exemple, le *Citoyen* du 5 septembre 1880.)

A Paris, on a présenté d'ailleurs le moyen pour ce qu'il vaut: mais, dit le rapporteur, (séance du 25 juillet 1880) «les révolutions sociales ne s'improvisent pas... Tous les socialistes sérieux se sont toujours prononcés en faveur de l'emploi de tous les moyens, *quels qu'ils soient*, contre la classe dominante ou dirigeante, et ont reconnu que la liberté politique pouvait être dans une certaine mesure un instrument d'émancipation. » C'est pourquoi le congrès a voté la participation aux élections. Mais « jamais » le suffrage universel ne pourra donner «les réformes » demandées.

« Jamais ! nous le proclamons hautement. *Le fusil est une arme bien autrement efficace.* Seulement jusqu'ici seule la bourgeoisie a bénéficié des révolutions. Mais les insurrections populaires ne sont pas éternellement vaincues et un jour viendra *où le dernier coup de fusil sera tiré contre le dernier bourgeois.* Pour livrer bataille, il faut une armée, et pour avoir une armée il faut organiser le recrutement. »

« Les cadres sont prêts. » C'est pour les remplir qu'on va « faire de la propagande dans la presse et à toutes les tribunes. » C'est en se comptant à tous les scrutins que les révolutionnaires auront « conscience de leurs forces et qu'ils sauront, quand l'heure sera venue, entrer résolûment en ligne. »

On veut profiter des élections de 1881 pour essayer de cette nouvelle tactique.

« Il ne faut pas nous le dissimuler, citoyennes et citoyens, disait Hérivaux, le 19 juillet 1880, à l'Alhambra, il y a en France un immense parti de prolétaires disposés à faire la *Révolution sociale, qui est prêt à la faire avec ce bulletin de vote*, et dont il faut tout d'abord faire l'instruction socialiste *avant de le lancer plus loin*. Eh bien! il faut que les socialistes militants profitent de ce mouvement pour accomplir cette *première période* de la Révolution sociale dans les prochaines élections de 1881.

« Lors des élections de 1876, deux citoyens seulement préconisaient et organisaient, dans le treizième arrondissement, des réunions ayant pour but d'y poser une candidature ouvrière.

« Seuls, sans fonds, sans y être préparés, alors que le parti ouvrier ne possédait pas encore la puissante organisation qu'il a aujourd'hui, en face d'un personnage prestigieux pour cette époque, nous obtenions contre toute espérance 1,800 voix. »

L'avocat du socialisme aurait pu rappeler aussi ce qui s'est passé cette année même.

Au mois de juin 1880, une élection pour le conseil municipal de Paris avait lieu. Un comité socialiste, un groupe de ces « inconnus » que raille la presse opportuniste, pose la candidature du forçat Trinquet.

Le forçat obtient au premier tour de scrutin 1,766 voix, au second tour 2,258.

A Lyon, quelques jours plus tôt, le 6 juin, le socialiste Blanqui, non amnistié alors, avait obtenu 5,047 voix, tandis que le radical, appuyé par l'administration, soutenu par M. Gambetta, M. Ballue, était envoyé à la Chambre par 8,280 suffrages seulement.

A Lorient enfin, au scrutin pour les élections législatives qui avait lieu le même jour, un socialiste parfaitement inconnu, le citoyen Boy, obtient 3651 voix; il n'est distancé que de 229 voix par le candidat élu! En pleine Bretagne!

Ces chiffres ne feront-ils pas réfléchir ceux qui traitent si légèrement de fantôme le péril social?

Écoutons encore le citoyen Hérivaux:

« Je sais très bien qu'il y a des citoyens qui n'ont aucune confiance dans le succès qu'obtiendraient les représentants prolétaires qui sont impatients ; *nous voudrions bien, nous aussi, et tout autant qu'eux que la révolution sociale, qui est notre but, se fasse demain* ; mais je ne serai partisan d'employer la force, pour la faire, que le jour où elle sera faite dans les esprits, que le jour où alors nous aurons en face de nous la bourgeoisie capitaliste exploitante. »

Et il conclut, en adressant cet appel à tous les prolétaires, collectivistes révolutionnaires et même aux modérés « qui rougissent au mot de socialiste, pâlissent à celui de collectiviste : »

« Si nous prenons une route différente, nous poursuivons tous le même but, celui de notre émancipation. Que les élections de 1881 nous trouvent donc unis sous la même bannière ; l'avenir seul est à ce prix. »

La participation aux élections a l'avantage de donner une publicité plus grande aux manifestations révolutionnaires, en même temps que de permettre aux socialistes de se compter. C'est ainsi une préparation à la révolution violente projetée, un moyen de publicité ou d'agitation, une tactique :

« Nous sommes collectivistes révolutionnaires, disait à l'Alhambra le citoyen Philippe, le 19 juillet 1880, et par conséquent nous estimons que l'ordre actuel ne peut être *renversé que par les moyens violents*, et nous devons chercher tous les moyens pour arriver à ce résultat ; or, pour cela, il faut que le parti ouvrier se sépare entièrement des partis bourgeois, quels qu'ils soient, et pour y arriver il faut pouvoir pénétrer dans les réunions électorales pour les combattre dans la personne de leurs candidats ; car il faut en convenir, citoyennes et citoyens, les prolétaires sont loin d'avoir assez conscience de ce qu'ils sont et de ce qu'ils doivent être, car ils ne sont rien et *ils doivent être tout.* C'est pour cela que nous avons accepté le bulletin de vote, *comme arme d'agitation seulement* et en comptant d'après l'organisation actuelle ; car nous sommes convaincus que nous serons battus, mais, en se comptant soit sur un programme, soit sur des noms, nous pourrons ainsi mesurer nos forces réelles afin que le jour *où nous serons décidés à renverser la classe possédante,* nous soyons soutenus et ne nous exposions pas à subir un nouvel échec, car *il nous faut la victoire,* et si nous ne l'avons pas, nous sommes convaincus que notre émancipation sera reculée de longtemps. »

Un autre orateur du congrès de Paris, le citoyen Faillières, disait le même jour :

« Nous sommes partisans de *la formation du quatrième État en parti politique distinct,* mais aussi *en lutte ouverte et incessante avec les trois autres.*

« Tous les avantages qui nous semblent résulter des luttes électorales et parlementaires peuvent se résumer, selon nous, dans un mot : PUBLICITÉ.

« On devrait ajouter une clause obligeant le candidat à reconnaître par des affiches que la durée de son mandat ne pourra excéder un an ; nous aurions ainsi l'avantage de *renouveler l'agitation électorale,* c'est-à-dire d'activer la discussion de nos idées et, bien certainement, nous verrions la vie publique pénétrer dans nos mœurs et y prendre une vigueur capable de déjouer les entreprises machiavéliques de tous les exploiteurs du peuple.

« L'œuvre du prolétariat, l'œuvre de son émancipation, est d'*imposer* une organisation sociale, respectant les vrais principes républicains.

« Pour atteindre ce but toujours poursuivi par les vaillantes populations de nos grands centres, *il est nécessaire de faire précéder l'action définitive par une organisation méthodique,* afin d'éviter au parti des désastres semblables à ceux de juin, de décembre et de mai. (Bravos.)

« C'est pour ce motif que nous sommes partisans de la lutte électorale, *non pas dans l'espoir d'avancer la solution* par le parlementarisme, mais *nous croyons avantageuse l'agitation de la période électorale.*

« Nos doctrines collectivistes ont contre elles la mauvaise foi et l'ignorance ; nous n'avons pas la prétention de corriger la première, *on la supprime,* mais nous sommes certains de vaincre la seconde par l'évidence de la vérité ; faut-il encore pouvoir mettre cette vérité en présence de ceux qu'elle doit fatalement éclairer. »

Voilà pourquoi l'intervention des socialistes aux élections est préconisée. Comme on l'a vu, les révolutionnaires sont convaincus d'ailleurs que le suffrage universel n'est point un moyen d'éviter l'insurrection, mais plutôt un moyen de la préparer :

« Le suffrage universel, dit le citoyen Masrart (séance du 19 juillet du congrès de Paris), n'est donc pas un calmant. nous prétendons, au contraire, que c'est *un révulsif et un excitant,* et que son emploi ne peut que réveiller les masses engourdies et *hâter l'avénement de la Révolution.* Le suffrage universel est une période nécessaire, une évolution indispensable pour arriver à la solution des questions.

A ceux qui, comme la *République Française,* la *France,* soutiennent qu'aujourd'hui le bulletin de vote est suffisant pour empêcher les révolutions à main armée — il ne l'a pas été pour empêcher la Commune, pourquoi? — le délégué du VI\[e\] arrondisement, et celui du cercle d'études du XIII\[e\] arrondissement, répondaient le 18 juillet; le premier, par ces mots :

« Comme les abstentionnistes déclarent hautement qu'ils n'ont d'espoir que dans le fusil pour émanciper le prolétariat, on leur a dit encore : Vous reprochez au bulletin de vote d'être une déception, mais est-ce que le fusil n'a pas déçu, lui aussi, les espérances qu'on avait mises en lui? Certes, le fusil n'a pas répondu à notre attente, et pourtant les uns et les autres nous restons révolutionnaires. Pourquoi cela? Mais parce que *le fusil n'est mauvais que quantitativement,* tandis que le bulletin, lui, l'est qualitativement, ou, pour parler plus clairement, que si nos fusils n'ont rien produit, c'est qu'ils se sont trouvés en minorité, tandis que nos bulletins, alors même qu'ils seraient en majorité, ne *nous permettraient pas de « faire l'économie d'une révolution »* leur nature même les en empêche. »

Quant au délégué du XIIIe arrondisement, il s'exprimait plus clairement encore :

« Nous voulons, dit-il, démontrer que la seule conduite logique est d'entrer dans la lutte pour *prouver l'inanité du bulletin de vote* et au moment de la consécration de l'institution, c'est-à-dire du vote, rester d'accord avec nos principes, faisant fi de l'urne, lui tournant dédaigneusement le dos en disant à nos adversaires, ceux qui se disent révolutionnaires, nous ne voulons pas de compromission, nous voulons arriver au *but par la Révolution, rien que par la Révolution.* »

. Voilà qui est parlé net.

Il reste donc bien entendu que, « tout en se servant des moyens légaux, le prolétariat ne pourra arriver à son émancipation par la voie pacifique, et la révolution sociale *par la force* reste la seule solution définitive possible. » Telle est la décision des congrès socialistes, ratifiée le 25 juillet 1880, au congrès du Centre.

Au congrès de Marseille, il avait été reconnu que « ce que les ouvriers ont de plus pressé à faire c'est de s'organiser pour les prochaines élections. Ils devront former un comité central pour toute la France, chargé de préparer les élections ouvrières. Il faut que les candidatures soient bien réellement prolétariennes et n'en aient pas seulement l'apparence. Une fois les candidats choisis, il ne faut pas oublier que l'homme est faible, et qu'il est plus sûr de dépendre d'une collectivité que de sa conscience. Par conséquent le mandat impératif sera de rigueur, et comme sanction, l'élu devra toujours être révocable. Un comité ouvrier siégeant en permanence sera chargé de surveiller la conduite de l'élu et de la censurer au besoin. »

Dans la séance du 19 juillet 1880, un rédacteur de l'*Egalité* exposait ainsi les avantages pour la révolution sociale de la participation des socialistes aux élections, en examinant diverses hypothèses :

« Le délégué élu, fidèle à son mandat, se rend au Parlement et du haut de la tribune déclare, au nom de ses mandants, la guerre à la bourgeoisie possédante et gouvernante ; et, décrivant la misère dans le passé et le présent, étudiant les causes de cette misère, indiquant le remède, il prêche au peuple

travailleur le renversement de l'ordre social actuel par la Révolution violente. Du haut de la tribune parlementaire, il prêche l'inanité des moyens
. pacifiques, parlementaires et déclare la guerre au parlementarisme.

Si le député est écouté, le lendemain l'*Officiel* et avec lui tous les journaux,
c'est-à-dire des millions et des millions d'exemplaires, reproduisent cet appel à la force révolutionnaire. Donc, de ce chef, propagande immense qu
pénètre non seulement dans les coins les plus isolés de la France, mais
dans le monde entier. (Très-bien!)

« Si le député n'est pas écouté, est rappelé à l'ordre, se voit appliquer la
censure et expulser de la Chambre, démonstration caractéristique de l'inanité
des moyens parlementaires : propagande révolutionnaire.....

« En outre, dans les cas de grève, de coalition, d'émeute, le délégué se
rend au milieu des grévistes, des coalisés, des émeutiers, et les encourage
par sa présence. — Propagande encore. — Enfin, à la faveur de son inviolabilité et de son indemnité, le délégué peut se transporter partout, faire de
la propagande et de l'agitation.

« Tels sont les arguments suggérés par l'étude de ces questions, nous les
soumettons pour qu'on les étudie.

« En résumé, la question de la lutte sur le terrain électoral n'est pas une
concession, bien loin de là, c'est une mesure de tactique destinée à organiser cette armée, sans laquelle ne peut se préparer et se faire, sans crainte
d'une contre-révolution terrible, peut-être même victorieuse, la Révolution
sociale. (Applaudissements!) »

Mais, afin qu'on ne pût se méprendre sur le sens de cette participation, l'orateur eut bien le soin d'ailleurs de faire cette déclaration:

« Nous constaterons aussi que le suffrage universel *ne peut* non plus
donner des résultats définitifs, car le jour où le vote réaliserait nos espérances, nul doute que la bourgeoisie ne méconnaisse la légalité pour
empêcher l'avénement du prolétariat, et n'emploie la force pour maintenir
sa domination de classe.

« *La logique et le bon sens nous forcent donc d'être révolutionnaires*, et
nous montrent *la force* comme *le seul argument décisif et irréfutable.* »

Le programme du groupe de l'Egalité fut accepté par le congrès
dans sa dernière séance, le voici dans son entier: Mais il faut bien
se souvenir que ce n'est là qu'un programme *minimum* dont la
réalisation doit être immédiate, et qui, rédigé dans le but de ne
pas effrayer les révolutionnaires timides ou hésitants, a soulevé de
nombreuses protestations, notamment de la part du congrès de
Lyon par lequel il a été renvoyé au congrès du Havre «comme
insuffisant », et de la part des cercles ouvriers de Cette (V. *le
Révolté*, 7 août 1880).

Attitude du Prolétariat dans la lutte électorale

« Le Congrès régional du Centre,

« Considérant que la privation des libertés politiques est un obstacle à l'instruction sociale du peuple et à l'émancipation économique du prolétariat;

« Considérant que le prolétariat est résolu à se servir de tous les moyens pour obtenir son affranchissement, et qu'il doit profiter des libertés déjà acquises au prix du sang des trois dernières Révolutions;

« Considérant, en outre, que l'action politique est utile comme moyen d'agitation et que l'arène électorale est un terrain de lutte qui ne saurait être déserté,

« Ratifie les décisions prises antérieurement sur cette question par les Congrès socialistes internationaux ou nationaux;

« Et déclare :

« I. L'émancipation sociale des travailleurs est inséparable de son émancipation politique.

« II. L'abstention politique serait funeste par ses conséquences.

« III. L'intervention politique devra se manifester par des candidatures de classe, sans alliance aucune avec les fractions des vieux partis politiques existants, à toutes les fonctions électives.

« IV. Tout en se servant des moyens légaux, le prolétariat ne pourra arriver à son émancipation par la voie pacifique, et la *Révolution sociale par la force reste la seule solution définitive possible.*

« V. L'intervention politique sera subordonnée au mouvement socialiste et ne lui servira que de moyen.

« VI. Tout en se mêlant aux luttes des différentes fractions de la bourgeoisie, pour les combattre indistinctement, le prolétariat poursuivra son organisation distincte, qui n'est que la forme préparatoire de la société de l'avenir.

« Le Congrès régional du Centre,

« Considérant que, si la Révolution est le seul moyen d'émancipation de la classe ouvrière, cette Révolution n'est possible qu'avec et par une classe ouvrière organisée ;

« Considérant que le premier acte de cette organisation est nécessairement la séparation de la classe ouvrière d'avec les partis politiques bourgeois, et que cette séparation doit se faire sur le terrain électoral à l'aide du même bulletin de vote qui a créé politiquement la confusion des classes;

« Considérant enfin que les pires ennemis de la Révolution sont ceux qui, en parlant à tort et à travers, refusent de prendre aucun des moyens qui la rendent possible;

« Déclare :

« Qu'il accepte le programme électoral publié par les journaux *le Citoyen, la Revue socialiste, le Prolétaire, l'Égalité* et *la Fédération,* avec les quelques modifications suivantes :

« Considérant,

« Que l'émancipation de la classe productive est celle de tous les êtres humains sans distinction de sexe ni de race ;

« Que les producteurs ne sauraient être libres qu'autant qu'ils seront en possession des moyens de production ;

« Qu'il n'y a que deux formes sous lesquelles les moyens de production peuvent leur appartenir ;

« 1° La forme individuelle, qui n'a jamais existé à l'état de fait général et qui est éliminée de plus en plus par le progrès industriel :

« 2 La forme collective, dont les éléments matériels et intellectuels sont constitués par le développement même de la société capitaliste.'

« Considérant,

« Que cette appropriation collective ne peut sortir que de l'action révolutionnaire de la classe productive — ou prolétariat — organisée en parti politique distinct :

« Qu'une pareille organisation doit être poursuivie par tous les moyens dont dispose le prolétariat, y compris le suffrage universel, transformé ainsi d'instrument de duperie qu'il a été jusqu'ici en instrument d'émancipation.

« Les travailleurs socialistes français, en donnant pour but à leurs efforts, dans l'ordre économique, le retour à la collectivité de tous les moyens de production, ont décidé comme moyen d'organisation et de lutte d'entrer dans les élections avec le programme minimum suivant :

A. — *Programme politique.*

1° Abolition de toutes les lois sur la presse, les réunions, et les associations et surtout de la loi contre l'Association Internationale des travailleurs. — Suppression du livret, cette mise en carte de la classe ouvrière, et de tous les articles du code établissant l'infériorité de l'ouvrier vis-à-vis du patron ;

2° Suppression du budget des cultes et retour à la nation « des biens dits de main morte, meubles et immeubles, appartenant aux corporations religieuses. » (Décret de la Commune du 2 avril 1871) y compris toutes les annexes industrielles et commerciales de ces corporations ;

3° Armement général du peuple ;

4° La commune maîtresse de son administration et de sa police et toutes les fonctions publiques rétribuées.

B. — *Programme économique.*

« 1° Repos d'un jour par semaine ou interdiction légale pour les employeurs de faire travailler plus de six jours sur sept. — Réduction légale de la journée de travail à huit heures pour les adultes. — Interdiction du travail des enfants dans les ateliers privés au-dessous de quatorze ans; et, de quatorze à dix-huit ans, réduction de la journée de travail à six heures. — Surveillance des apprentis par les corporations ouvrières;

« 2° Minimum légal des salaires, déterminé, chaque année, d'après le prix local des denrées ;

« 3° Egalité de salaire pour les travailleurs des deux sexes ;

« 4° Instruction scientifique, professionnelle et intégrale de tous les enfants mis pour leur entretien à la charge de la société, représentée par l'Etat et par les communes ;

« 5° Mise à la charge de la société, des vieillards et des invalides du travail ;

« 6° Suppression de toute immixtion des employeurs dans l'administration des caisses ouvrières de prévoyance, etc., restituées à la gestion exclusive des ouvriers ;

« 7° Responsabilité des patrons en matière d'accidents, garantie par un cautionnement versé par l'employeur, et, proportionné au nombre des ouvriers employés et aux dangers que présente l'industrie ;

« 8° Intervention des ouvriers dans les règlements spéciaux des divers ateliers ; suppression du droit usurpé par les patrons de frapper d'une pénalité quelconque leurs ouvriers sous forme d'amende ou de retenues sur les salaires. (Décret de la Commune du 27 avril 1871);

9° Révision de tous les contrats ayant aliéné la propriété publique (banques, chemins de fer, mines, etc.) et l'exploitation de tous les ateliers de l'Etat confiée aux ouvriers qui y travaillent ;

10° Abolition de tous les impôts indirects et tranformation de tous les impôts directs en un impôt progressif sur les revenus dépassant 3000 fr. ;

Suppression de l'héritage en ligne collatérale et de tout héritage en ligne directe dépassant 20.000 francs ;

11° Cessation absolue de l'aliénation des propriétés foncières par les communes ou l'Etat ;

12° Affectation par les municipalités des fonds disponibles à la construction dans tous les terrains appartenant aux communes, de bâtiments de natures diverses, tel que maisons d'habitation, bazars de dépôt, pour les louer sans bénéfice aux habitants.

Résumons :

Le parti de la liquidation sociale ne veut plus de gouvernement : il rêve la destruction de l'Etat.

Parmi les partisans, les uns espèrent encore arriver légalement et pacifiquement à cette révolution : les autres sont convaincus de l'inanité des moyens pacifiques et légaux.

Tous reconnaissent qu'ils doivent s'organiser, aller au scrutin, sans compromissions, de manière à se compter d'abord, à agiter le pays, à faire de la propagande ; puis de façon à pénétrer, si c'est possible, dans les assemblées, dans la place forte de l'Etat, pour la livrer à l'anarchie, la détruire, et enfin (si comme les agitateurs le désirent, le bulletin de vote est impuissant) pour bien convertir les hésitants et les timides à cette idée, qu'en dehors de la révolution violente, il n'y a pas de solution. Les plus modérés ou les plus habiles sont de cet avis. J'en appelle à M. Talandier, député de la Seine, qui, le 26 juin 1880, à la salle d'Arras, devant 4,000 personnes, prétendait réfuter les doctrines des socialistes collectivistes révolutionnaires, et s'attachait à montrer comment on pourrait abolir la propriété individuelle et y substituer le collectivisme, sans violences :

— Si les moyens pacifiques ne réussissaient pas, a-t-il dit, eh bien ! nous emploierions les autres, car je n'ai jamais été systématiquement hostile aux moyens révolutionnaires !...

§ 8. — *Le « Paradis sur la terre ». — La propriété. c'est « le vol en grand ». — Le consommateur improductif, voilà l'ennemi. — La révolution sociale veut s'emparer du sol, des outils, canaux, banques, mines, chemins de fer : anéantir la propriété individuelle par tous les moyens possibles. — Communauté et collectivité. — Le capital, l'impôt, le crédit, le salaire, l'héritage.*

Il faut en revenir au mot de Napoléon : « supprimez Dieu, et les hommes s'entre-déchireront pour la plus grosse poire », supprimez la justice éternelle, vous aurez des désespérés. Niez comme Victor Hugo « le dogme de l'enfer » ou comme un orateur du congrès ouvrier « le cauchemar de la damnation », et vous vous trouverez en présence de hordes sauvages qui vous diront avec le communard Léo Frankel au congrès de Gand en 1877 : « Il faut que nous prenions notre paradis sur la terre. »

« On nous parle du ciel, s'écriait Frankel. Mais qu'est-ce que le ciel? La science a démontré que c'est une rêverie, un mensonge. Nous en concluons *qu'il faut que nous prenions notre paradis sur la terre.* Comment? En dépouillant les bourgeois de leurs trésors, en rendant ceux-ci à leurs légitimes propriétaires, c'est-à-dire à nous ; en faisant la révolution démocratique et sociale.

« En embrassant la science basée sur la raison nous avons renoncé à notre place au ciel, mais nous entendons qu'en retour on nous paie, à nous, ce qu'il nous faut, c'est-à-dire deux choses: « jouissance et vengeance. »

Alors, comme le disait Léon XIII (encyclique du 28 décembre 1878), « séduits par le désir des biens présents, qui est la source de tous les maux et dont l'appétit détourne de la foi, » ces hommes « attaquent le droit de propriété, sanctionné par la loi naturelle ; et, par un attentat monstrueux, pendant qu'ils affectent de prendre souci des besoins et des misères de tous les hommes, ils s'efforcent de ravir, au profit de la communauté, tout ce qui a été acquis à chacun, ou bien par le titre d'un légitime héritage, ou bien par le travail intellectuel ou manuel, ou bien par l'épargne. Ces opinions monstrueuses, ils les publient dans leurs réunions, ils les développent dans des brochures, et, par la voie des journaux, ils les répandent dans la foule. »

Entrons, malgré l'aridité du sujet, dans les détails de cette effroyable entreprise.

Proudhon avait dit : « la propriété c'est le vol » ; le congrès de Marseille et celui de Paris ont trouvé cette définition si juste qu'il se la sont appropriée.

« La propriété c'est le vol en grand », dit-on dans la séance du 28 octobre 1879.

« C'est sans contredit la question capitale », remarquait le congrès de Marseille dans ses résolutions ; « la propriété est à notre avis la seule question sociale. »

C'est que, disait un orateur du congrès de Paris, le 19 juillet 1880, le citoyen Faillières : « c'est, à notre avis, *au nom de la propriété collective que nous devons organiser nos légions en vue d'une révolution sociale*, devant réaliser la disparition des classes, soit notre émancipation. »

Le vrai but du parti est de remplacer l'espérance que donne la religion, par la jouissance que promet la révolution. Aussi parfois les meneurs laissent-ils échapper leur colère contre ces hommes dits « opportunistes » qui nient la question sociale, et cherchent un dérivatif dans les attaques contre les institutions religieuses précisément les seules sauvegardes de la société menacée par la démagogie.

« Trêve de préjugés, disait-on au Congrès de Lyon le 31 janvier 1878, et désormais recevons comme ils le méritent ces tribuns sans vergogne qui vous jettent en pâture le cléricalisme, espérant par là nous endormir. Que la charogne cléricale vive ou meure, il n'y en aura pas moins une anomalie criante à voir celui qui consomme, le maître de celui qui produit. Le consommateur improductif, voilà l'ennemi. Guerre à l'opportunisme ; le peuple est devant les réformes jurées, comme Tantale devant un bock » (sic).

La propriété collective est bien la seule réponse à la « question sociale » posée par la révolution. C'est que « les partis bourgeois, — comme le disait le manifeste de l'Internationale de novembre 1877, paru sous la signature du communard Pindy. — ne sont divisés entre eux que par des questions secondaires et d'ordre simplement politique, tandis que les socialistes sont « séparés d'eux par cette question qui domine toutes les autres d'ordre purement économique, la propriété. »

Ce n'est pas du premier coup que les socialistes en arrivèrent à proposer cette solution qui prévaut aujourd'hui dans les congrès, le collectivisme.

« Le collectivisme a pour but, selon la définition des socialistes, l'appropriation des matières premières et des outils, tels que canaux, chemins de fer, usines, docks, chantiers, ateliers, machines », en même temps que l'appropriation du sol, c'est-à-dire le dépouillement de tous ceux qui possèdent .

« A Bâle, pour la première fois, nous apprend la *Révolution française* du 12 mai 1879, les délégués internationaux se partagèrent sur la question de la propriété du sol. Il n'en pouvait être autrement, puisque les conditions de cette propriété, sa constitution, son origine immédiate et son exploitation varient selon les pays. En dehors de toutes préférences théoriques, les délégués avaient donc à tenir compte des difficultés et des transitions de la pratique. D'ailleurs, cette dissidence partielle n'altéra en rien les bons rapports et ne refroidit pas l'enthousiasme d'hommes dévoués à la même œuvre. »

Remarquons, malgré les dires du journal cité, qu'au congrès de Bruxelles, l'Internationale avait déclaré : que les machines, comme tous les autres instruments de travail, doivent appartenir aux travailleurs eux-mêmes et fonctionner à leur profit ; que les voies de communication, canaux, routes, voies télégraphiques et les forêts doivent rester à la collectivité sociale. Même décision quant au sol, aux mines, carrières, houillières, chemins de fer.

Le congrès de Bâle vota aussi à la minorité de quatre voix, contre 54, la négation du principe de propriété individuelle, décidant :

1° Que la Société a le droit d'abolir la propriété individuelle du sol et de faire rentrer le sol à la communauté ; 2° qu'il y a nécessité de faire entrer le sol à la *propriété collective*. (V. Guéroult, *Les théories de l'Internationale*.)

« Nous sommes communistes, — avaient dit les membres du groupe la
Commune révolutionnaire, dans leur manifeste de Juin 1874, — parce que
nous voulons que la terre, que les richesses naturelles ne soient plus appro-
priées par quelques-uns, mais qu'elles appartiennent à la communauté... »

D'autre part : le programme radical socialiste mis au jour en
septembre 1877, avait fait cette stipulation vague (art. 6.):

« Le remaniement de nos lois de propriété en vue de ramener la propriété
individuelle à sa seule source légale, le travail. »

Je ne puis montrer les nuances qui séparent les collectivistes
des communistes, les proudhonniens des fouriéristes, les Bakou-
ninites des marxistes et des colinsiens. Ce sont entre les socialistes
des divisions plus nominales que réelles, résultant le plus ordinai-
rement de rivalités personnelles. Il suffit de savoir que tous sont
d'accord sur la destruction des institutions existantes, et l'abolition des lois sur la propriété.

Aujourd'hui les dissidences n'existent pour ainsi dire plus, bien
qu'au congrès de Paris on ait encore discuté sur la propriété individuelle et le collectivisme.

« La possession individuelle, disait le citoyen Ardouin, le 22 juillet 1880,
aurait les mêmes inconvénients que le salariat, elle se trouve donc condamnée
d'avance. Il n'y a que l'appropriation *collective* des instruments de travail,
des matières premières, des mines et de tous les moyens de circulation et
d'échange qui peut supprimer le salariat et toutes ses conséquences. »

La propriété individuelle fut condamnée par le congrès, et le
citoyen Fournière, de l'*Egalité*, pouvait dire le 20 juillet dernier :

« Nous ne nous attarderons pas à faire le procès de la *propriété individuelle*, le titre de ce congrès ayant *jugé et condamné ce mode de production*.
« Donc la propriété individuelle doit disparaître pour faire place à la propriété collective et inaliénable. »
« Dans la question brûlante de la propriété, (disait le programme du Journal
la *Guerre sociale*, saisi sur les organisateurs du congrès international, de
1878) il se prononcera pour la propriété collective... Le salaire, l'héritage et
l'intérêt de l'argent seront conséquemment combattus par nous. »

Et l'un des principaux organisateurs des congrès, Jules Guesde avait préparé la réponse suivante à la 2ᵉ question (Situation des travailleurs agricoles) :

« Considérant que les travailleurs agricoles se divisent en propriétaires et en non-propriétaires ;

« Qu'en ce qui concerne ces derniers, leur situation ne se distingue pas de celle du propriétaire industriel ; — en ce sens que, réduits à mettre en valeur un capital qui appartient à d'autres, ils sont dépossédés, comme eux, du produit de leur travail ;

« Que, pour ce qui est des paysans propriétaires, leur propriété est plus nominale que réelle, dépossédés qu'ils sont par l'impôt, l'hypothèque, l'usure de la majeure partie du produit du travail incorporé par eux dans ce sol ;

« Le congrès déclare que le seul moyen de remédier à cette situation est l'*appropriation collective* et nationale du sol mis à la disposition de ceux qui le cultivent. (Pièce lue au procès du Congrès international). »

On reconnaissait d'ailleurs au congrès de l'année précédente que « le travailleur des champs, le paysan comme on le nomme, commence à trouver qu'il serait temps de posséder cette terre arrosée de ses sueurs depuis si longtemps : aussi devient-il républicain. Déjà, dit-on, il serait tout à fait converti aux idées modernes, n'était l'influence de la pieuvre noire difficile à arracher dans les villages. »

Le congrès de Marseille (séance du 28 octobre 1879), reconnaissait hautement, disait un orateur, que « la révolution franchement n'a pu organiser que l'anarchie. D'un côté elle a été trop loin ; de l'autre, pas assez. Dans la question de la propriété, en particulier elle n'a pas su aller jusqu'au bout. Au lieu de donner la propriété à la masse, elle s'est contentée de laisser prendre aux bourgeois les biens nobles et les biens d'Eglise, et a, par cet acte de faiblesse, reculé notre émancipation d'un siècle. Enfin, s'écriaient les orateurs, le moment approche où nous allons reprendre la lutte ; on ne verra bientôt plus en France que des frères travailleurs, et dans le monde entier qu'une famille, la famille ouvrière. Alors tout appartiendra à tous, et grâce à la nouvelle science sociale, le collectivisme, nous verrons se réaliser cette belle formule : La terre au paysan, l'outil au travailleur (1). »

(1) Il est impossible dans le travail que je me suis imposé de réfuter toutes ces utopies. Ici cependant, je crois pouvoir laisser la parole à notre éminent ami, M. le comte Franz de Champagny, de l'Académie française, dont l'autorité en matière d'éco-

Le journal l'*Egalité*, dans lequel écrivent huit ou dix des inculpés au procès du Congrès International, ceux dont nous voyons la signature au bas de l'adresse au socialisme allemand, faisait un appel vigoureux dès cette époque à la cupidité des travailleurs des champs :

« . . A l'œuvre, paysans, disait-il ! S'il vous plaît de rester libres, si le sort du manœuvre ou de l'esclave vous épouvante, hâtez-vous ! il n'est que temps ! Associez-vous, liguez-vous pour la possession collective du sol ! »

La collectivité leur semble une panacée qui doit guérir tous les maux.

nomie politique est si appréciée. Voici ce qu'il disait à propos du Congrès de Marseille dans la *Défense*, n° du 20 avril 1880 :

« Plus de Dieu, par conséquent plus de morale et plus de devoirs ; plus de devoirs, par conséquent plus de société, plus de patrie, plus de famille, à plus forte raison plus de propriété ; et, en définitive, plus de pain. Je m'arrête sur ce dernier mot qui n'est pourtant que le petit côté des choses, mais le côté qui pour la masse est le plus frappant. Quand personne ne possédera ou du moins ne possédera avec une certaine sécurité, personne ne cultivera et, quand personne ne cultivera, personne ne mangera. La *collectivité* (ce joli mot dont on a enrichi la langue française), la collectivité, cette propriétaire universelle, se réduira (tout le monde le sent) à quelques habiles, comme ceux qui sont aujourd'hui à la tête des clubs et des congrès, lesquels feront, bon gré mal gré, travailler pour eux un certain nombre de serfs, se procureront le pain, même la viande, la volaille, les bonbons glacés, comme tels ou tels préfets du 4 Septembre, qui se faisaient payer tout cela par l'État, en face des soldats qui se mouraient d'inanition. Mais le reste, de quoi vivra-t-il ? On excite les passions sensuelles de l'ouvrier, on lui promet des cigares exquis et une cuisine exquise, mais on n'aura même pas de pain à lui donner. On lui annonce le règne de l'abondance ; aux yeux de tout homme qui réfléchit, ce sera le règne de la famine.

« Il y a, en effet, une chose que l'on ne veut pas comprendre : c'est que dès à présent quiconque travaille, travaille plus ou moins pour tout le monde, et je dirai même : Quiconque possède, possède plus ou moins pour tout le monde. Nous ne sommes point solidaires, de la manière dont l'entendent ces messieurs, mais nous le sommes quelque peu et plus sérieusement que nous ne le serions sous leur règne. Laissez un arpent, vingt arpents, cent arpents de terre en friche, vous diminuez la somme du blé recueilli, et le pain sera plus cher pour tout le monde. Brûlez une, deux, cinquante, cent maisons et les loyers seront plus chers pour tout le monde. Mais conclure de là que toutes les fortunes doivent être mises dans une seule main, tous les champs demeurer sous la surveillance d'un seul maître, toutes les maisons être gardées par un seul propriétaire, qui sera l'Etat, la collectivité, le peuple — appelez-le comme vous voudrez — c'est insensé. La besogne serait trop lourde pour ce propriétaire universel ; et l'intérêt privé, bien qu'il puisse faire des fautes, sera meilleur juge en définitive que ne le sera dans son Olympe ce Jupiter qui s'occupera, soyez-en sûr, bien plus de son dîner que du dîner de ses trente millions de serviteurs. »

« Propriété collective, commune, indivise, inaliénable, disait aussi le citoyen Robelet, signifie pour nous honneur, jouissance de la vie, travail attrayant, en dehors de laquelle nous ne voyons qu'esclavage, impuissance et travail forcé et abrutissant; aussi, dirons-nous, et répéterons-nous toujours : La propriété collective ou commune est la solution seule juste, seule équitable, seule rationnelle de la question sociale. »

Mais, comme le disait le délégué du VI⁰ arrondissement :

« Il y a plusieurs sortes de propriétés à détruire.

« La propriété de l'outillage, la propriété foncière, la propriété immobilière et d'autres propriétés encore. Il est nécessaire que les groupes soient préparés, afin que, *le jour de la révolution, la propriété entière soit détruite de la façon la plus complète.* De ce jour, la contre-révolution ne pourra pas se faire jour, et je défie aux propriétaires de venir chercher ce que les prolétaires auront pris. »

« La révolution, dit encore le citoyen Robelet, ne consiste pas dans le fait de renverser un gouvernement, et la révolution ne sera faite que le jour où la propriété particulière sera détruite. Le jour où le prolétariat aura rendu la propriété collective, ce jour-là, la révolution est assurée et la contre-révolution impossible, puisque le prolétariat aura acquis ce qu'il doit acquérir. »

Quant à savoir ce qui appartient à chacun dans la propriété, ce n'est pas fort difficile.

« A proprement parler, dit le citoyen Gély (Congrès de Paris, 21 juillet 1880) il n'y a pas de travail individuel. Nul ne peut produire en dehors de la collectivité. »

Le journal de Victor Hugo ayant fait remarquer que, si le Maître méconnaissait la supériorité d'un Dieu, il entendait maintenir la propriété de ses œuvres; le *Rappel* ayant objecté : « Mais Victor Hugo est cependant l'auteur, le propriétaire, d'*Hernani?* »
Le citoyen Gely, réplique :

« Quant à moi, je répondrai que M. Victor Hugo n'en est pas l'auteur exclusif; que la force cérébrale qui a produit cette œuvre a été mise en état de le faire par la société dans laquelle il vit; que si M. Victor Hugo, au lieu de venir au monde dans un milieu possédant toutes les connaissances littéraires et scientifiques accumulées par les générations éteintes, était né dans une île Fidji, au milieu de l'Océan Pacifique, il n'aurait probablement jamais écrit *Hernani.*

« Si donc, il a pu produire ces œuvres magistrales, c'est que la collectivité

lui en a donné les moyens, en lui enseignant l'art d'écrire avec des livres
qu'il n'aurait sans doute pas lu si Guttemberg n'eût inventé l'imprimerie,
et si la science n'avait inventé le papier, etc., car il serait trop long d'énu-
mérer toutes les industries qui concourent à la confection d'un livre. »

D'ailleurs, dit le citoyen Fallières (20 juillet 1880) : « *Toutes les choses
sont notre propriété : le couteau de Babœuf, l'épée de Flourens*, ce grand
lutteur pour les révolutions, sont notre propriété. »

Dans ses résolutions, le Congrès de Marseille adoptait ainsi:
« comme but la collectivité du sol, sous-sol, instruments de travail, matières premières données à tous et rendues inaliénables
par la Société à qui ils doivent retourner » en même temps qu'il
adoptait « comme moyen, la formation du parti ouvrier. »

Le Congrès collectiviste révolutionnaire du Centre, en 1880,
prend une résolution semblable avec les considérants qui suivent :

« Considérant qu'il n'y a d'émancipation possible pour les travailleurs que
dans la possession de l'instrument et de la matière de leur travail ;

« Considérant que cette possession des moyens de production ne saurait
être individuelle pour deux raisons :

1° Parce qu'elle est incompatible avec les progrès et l'état actuel même de
la technique industrielle et agricole (division du travail, machinisme, va-
peur, etc.) ;

2° Parce que, ne fût-elle pas antiéconomique, elle ne tarderait pas à
donner lieu à toutes les inégalités sociales d'aujourd'hui, à moins d'une
répartition nouvelle — impossible — à chaque mouvement de la population ;

« Considérant que cette possession ne saurait être davantage corporative
ou communale, sans entraîner tous les inconvénients de la propriété capitaliste d'aujourd'hui, c'est-à-dire l'inégalité des moyens d'action entre les
travailleurs, l'anarchie dans la production, la concurrence homicide entre
les groupes producteurs, etc. ;

« Considérant enfin que la possession collective ou sociale des moyens de
production répond seule à la fois aux nécessités économiques et aux conditions de justice et d'égalité que doit remplir la société nouvelle,

« Le Congrès régional du Centre déclare :

« Que tous les instruments et toute la matière du travail *doivent être
repris par la collectivité* et rester entre ses mains propriété indivise et
inaliénable.

La réalisation de ces résolutions devra être poursuivie *par tous les
moyens possibles.* »

Il est utile de remarquer que, dans la séance du 25 juil-
et 1880, ces mots : « par tous les moyens possibles » ont été

ajoutés sur des observations présentées par divers délégués, observations revenant à celles-ci, du citoyen Robelet :

« Considérant que la bourgeoisie ne se laissera jamais déposséder par les moyens pacifiques, je vous propose, tout en tenant compte des leçons du passé, l'emploi de la force que nous croyons nécessaire à la revendication de nos droits qui ont été méconnus jusqu'à ce jour;

« C'est-à-dire que, comme moyen de réalisation, nous ne voyons que la force, tant qu'il ne nous sera pas démontré qu'un autre moyen puisse réaliser nos revendications et nos droits....

« Cependant, ajoutait-il, nous avons dit, dans notre rapport, de quels moyens nous entendions nous servir, pour arriver à cette révolution. Nous préconisons la création des groupes corporatifs n'étant pas, comme les chambres syndical..., des réunions de citoyens cherchant à économiser, à encaisser et ne voulant pas se servir, pour la solidarité, de leur fonds de caisse ; mais bien des groupes ayant *en vue la révolution qui peut surgir d'un moment à l'autre.*

« Nous disons donc que *ces groupes doivent avoir en vue une révolution éventuelle* et se préparer à ne pas être vaincus cette fois encore.

« Aux groupes corporatifs appartient ce travail de dresser une statistique de tout l'outillage, de tout le travail qui leur permettrait de s'établir au lieu et place de leur patron. »

Quelques jours avant le Congrès du Centre, le Congrès collectiviste révolutionnaire de la région de l'Est, séant à Lyon, sur le rapport du citoyen Fargeat, délégué des tisseurs, votait la motion suivante :

« Considérant que ceux qui possèdent ce qui nous appartient, disait le rapporteur, ne nous le restitueront pas; cette possession leur procurant toutes les jouissances et leur évitant tous les labeurs ;

« Considérant que ces possesseurs ne nous ont jamais fait la moindre concession que sous [la pression de la force brutale ;

« Considérant que nos maîtres d'aujourd'hui nous ont donné l'exemple en 1789 et 93 des moyens à employer pour rentrer dans notre droit :

« Votre deuxième commission vous propose de décider que le parti ouvrier ou 4ᵉ Etat doit avoir pour but de poursuivre l'organisation des forces prolétariennes en vue de l'abolition complète de la propriété individuelle *par tous les moyens possibles.* »

Dans son programme économique — programme minimum dressé pour ne pas effrayer les modérés — le Congrès collectiviste de Paris, demandait encore :

9° Révision de tous les contrats ayant aliéné la propriété publique (banques, chemins de fer, mines, etc.), et l'exploitation de tous les ateliers de l'Etat confiée aux ouvriers qui y travaillent;

11° Cessation absolue de l'aliénation des propriétés foncières par les communes ou l'Etat;

12° Affectation par les municipalités des fonds disponibles à la construction, dans tous les terrains appartenant aux communes, de bâtiments de natures diverses, tels que maisons d'habitation, bazars de dépôt, pour les louer sans bénéfice aux habitants.

Il est plus que probable que cette révolution économique ne s'accomplira pas toute seule, mais le Congrès de Marseille en prend aisément son parti. « Il est à craindre, dit-il (séance du 28 octobre 1879), que l'appropriation ne se fasse pas sans résistance et qu'une *opération chirurgicale* soit nécessaire, pour arriver au but. Si elle est nécessaire, il faudra la faire, car une heure de violences, fait plus d'effet qu'un siècle de conquêtes pacifiques. »

Le Cercle, «la Commune Révolutionnaire », formé à Londres en juin 1874, par les réfugiés de l'insurrection de 1871, disait d'ailleurs dans son manifeste, que : « L'appropriation collective de la propriété sera le prix de la lutte » ; mais, ajoutaient ses membres, « nous voulons cette lutte sans compromis, ni trêves, jusqu'à la destruction de la bourgeoisie, jusqu'au triomphe définitif».

Sur la situation économique des travailleurs des deux sexes, sur le monopole et les moyens de production, le dernier Congrès régional de Marseille (29 juillet 1880) conclut «à l'unanimité:

« 1° Au retour à la collectivité des matières premières et des instruments de travail; 2° A l'abolition du salariat parce qu'il tient les travailleurs en tutelle et les oblige à passer sous les fourches caudines des exploiteurs de toutes sortes ; 3° A l'abandon des grèves comme impuissantes pour améliorer le sort des travailleurs.

« 4° A la suppression immédiate des monopoles, mines, docks, chemins de fer, etc., et retour à la collectivité du sol, sous-sol et des instruments de travail. Quant aux moyens proposés pour la suppression des monopoles, *il repousse tout paliatif* comme impuissant à changer ou à améliorer le sort des travailleurs. *Il conclut à l'expropriation violente.* » (Voir l'*Egalité* du 4 août 1880.)

Dans la seconde séance de ce Congrès de Marseille, le citoyen Tressand avait déjà demandé « que les instruments de production appartiennent à la collectivité, que *l'on sape dans sa base* le système actuel de propriété par *une révolution violente*, car, dit-il, il faut prendre de force ce que l'on ne veut pas restituer de plein gré. »

D'ailleurs, au Congrès de Liège, le citoyen Brismée n'avait-il pas déjà dit : «On nous prêche la tolérance ; pas de tolérance ! s'il ont besoin de guillotine, nous ne reculerons pas. Si la propriété résiste à la Révolution, il faut, par décrets du peuple, anéantir la propriété. Si la bourgeoisie résiste, il faut tuer la bourgeoisie. »

Et le citoyen Pellering, aussi partisan de « l'opération chirurgicale » ajoutait : « Si cent mille têtes font obstacle, qu'elles tombent. »

C'est dans ce même Congrès que le citoyen Germain-Casse, réclamait : « la suppression de la propriété, l'abolition de l'hérédité. »

J'ai cité le cri de Léo Frankel : «Il faut que nous prenions notre paradis sur la terre. »

« Nous voulons mettre en pratique disait encore en Suisse, le citoyen Reulig, le socialisme ou plutôt le communisme : l'État maître de tout, distribuant les fruits de la terre suivant les mérites et la quantité du travail manuel exécuté par chaque citoyen. Qui ne travaille pas, ne mangera pas, et nous aurons le plaisir d'assister à l'agonie des prêtres, des bourgeois, des capitalistes qui, couchés dans les ruisseaux des rues, mourront lentement de faim sous nos yeux. Ce sera notre vengeance ; et pour cette vengeance, jointe à une bouteille de Bordeaux, nous cédons volontiers notre place au ciel, que dis-je ? le ciel ? Nous n'en voulons pas. Ce que nous demandons c'est l'enfer avec toutes les voluptés qui le précèdent. Nous laissons le ciel au Dieu des papistes et à ses infâmes bienheureux. »

C'est à ce degré de folie, de rage, de frénésie qu'en est arrivé un parti dont les progrès et l'audace deviennent réellement terrifiants !

Ces cris de haine, cette soif de vengeance sont-ils seulement le produit d'imaginations surexcitées, de cerveaux malades? Quelquefois c'est l'expression sincère d'un sentiment faussé : le plus souvent c'est calcul.

Dans la séance du 30 octobre 1879 au congrès de Marseille, on en faisait l'aveu. « Le socialisme, disait-on, a pour première besogne de démolir la vieille société. Occupons-nous donc d'abord de cela, et hâtons-nous, de peur que le prêtre et le soldat unis

ensemble ne viennent à consolider le vieil édifice déjà bien ébranlé.
Formons des adeptes, tout à la fois pionniers, apôtres et soldats.
Suivant les occasions, ils prendront le pic, la parole ou le fusil,
Leur unique mot d'ordre sera « haine et jouissance. »

« Instruisons la jeune génération, disait dans le même ordre d'idées le
19 juillet 1880, au Congrès de Paris le citoyen Herivaux, apprenons à cette
jeune armée qu'elle sera demain dans les rangs des prolétaires, et *alors, oui
alors, nous aussi nous ferons notre 4 septembre révolutionnaire-socialiste*.
Les capitalistes seront trop couards pour se défendre eux-mêmes, ils fileront
aussi sur la Belgique, mais nous les défions bien d'emporter les mines, les
canaux, les propriétés, la terre, les richesses de notre pays. »

Et quand on vient nous dire que ce sont des individus sans autorité et sans notoriété qui soutiennent ces thèses socialistes, nous
n'avons qu'à reproduire ce passage du *Travailleur* de Genève, (cité
par la *Décentralisation* du 12 septembre 1877) engageant les ouvriers à « saisir la propriété qu'on leur fait exploiter, » et à s'emparer, par exemple, des lignes de chemin de fer. Il est signé d'Elisée
Reclus :

« Combien les résultats de la grève auraient pu être différents *si les ouvriers, comprenant bien leurs droits, s'étaient mis, au nom de l'utilité publique, à gérer pour la satisfaction des intérêts communs les lignes qui se trou-
vaient en leur pouvoir.*

« Ainsi dans l'Etat d'Indiana, ils possédaient les quinze lignes de chemins
de fer convergeant régulièrement, comme les rayons d'un cercle, vers la gare
centrale d'Indianopolis, et par suite, c'est d'eux que dépendait la circulation
de la vie dans les limites mêmes de tout l'Etat. Cette vie commerciale, ils l'ar-
rêtèrent soudain par la grève; mais *qui les eût empêchés d'avertir fermiers,
corporations ouvrières, petits bourgeois, qu'ils se chargeaient des transports,
non pas seulement à prix réduit, mais à prix coûtant, qu'ils deviendraient
des agents de la Société tout entière pour la répartition des produits et se
borneraient à prélever, sur les revenus journaliers, la part nécessaire à
leur entretien personnel?* S'ils avaient agi de cette manière en transformant
tout le mouvement des chemins de fer en un service public, le peuple tout
entier, sitôt le premier moment d'étonnement passé, fût devenu joyeusement
leur complice; toute une révolution s'inaugurait pacifiquement; *tout un nouvel ordre d'idées sociales commençait à passer dans les faits!* Quand même
appuyés sur toute la force armée, sur toutes les ressources du gouvernement,
les capitalistes évincés eussent réussi à reprendre possession de leur réseau
de chemin de fer, le souvenir de l'interrègne se serait maintenu dans les populations, on eût comparé les deux régimes, ceux du service public et de l'exploitation capitaliste, et *tôt ou tard l'expropriation forcée des compagnies fût
devenue inévitable.*

Que, dans une grève future, les ouvriers ne l'oublient point : *Ce n'est pas de maintenir ou d'augmenter leur salaire qu'il s'agit, c'est de* SAISIR, *au profit de tous, la propriété qu'on leur fait exploiter sans avantage pour eux.* »

M. Elisée Reclus est certainement, par ses travaux géographiques, l'une des personnalités les plus marquantes du parti de la Commune de Paris. C'est lui qui proposait aussi (*Révolution française* du 20 mai 1879) pour « combler le gouffre de haine entre les hommes » un « changement social complet » le « collectivisme, l'appropriation de la terre et des instruments pour tous ceux qui travaillent. »

Vainement d'ailleurs prétendrait-on que M. Reclus, l'un des premiers amnistiés a répudié la Commune, car il écrivait à *la Marseillaise* (4 avril 1879) : c'est parmi les condamnés de la Commune, « parmi ces hommes couverts d'une éternelle flétrissure, que sont mes *plus nobles amis,* ceux que je vénère le plus, ceux dont l'estime est mon bien le plus cher. Leur cause est toujours la mienne ». Et dans une conférence faite à Genève le 5 février de cette année 1880, ne revendiquait-il pas hautement sa collaboration à la révolution sociale, lorsqu'il s'écriait : « Je suis un de ceux qu'on appelle, affreux révolutionnaire : j'appartiens à cette société flétrie par la loi qui a pris le nom d'association internationale des travailleurs et dont le nom seul vaut à ceux qui le prennent deux années de prison en France et le traitement de *malfaiteurs* en Italie ; enfin je suis aussi parmi ceux qui eurent le bonheur de servir la Commune, — je dis le bonheur, car il est toujours agréable de faire son devoir. » C'est bien là une autorité irrécusable, qui proclame *l'héroïsme* des «nihilistes russes» (conférence du 5 février) et déclare que tous « les cieux dont parle la Bible et le Talmud ont été démolis » : eh bien ! c'est elle qui engage les ouvriers à s'emparer des usines, canaux, chemins de fer, et à « saisir la propriété » !

Dans le parti révolutionnaire, les savants forment des théories, les autres exposent des plans, puis vient la foule du peuple « ce grand logicien, qui, comme l'a dit Félix Pyat, ne manque jamais de conclure. »

Quant au capital, à l'impôt, au crédit, au salaire, voici quelles sont les idées des révolutionnaires.

D'abord le capital, «l'infâme capital » est d'après eux « une accumulation de travail ; donc son légitime propriétaire devrait être l'ouvrier. S'il en est autrement, c'est qu'il y a eu dépouillement, vol, légal ou non, peu importe »(congrès de Lyon, 31 janvier 1878).

Et comme par le salariat « le travailleur est soumis au capital » le salariat est donc « une institution sociale antilibérale » « la bourgeoisie l'a inventé; il faut qu'il disparaisse avec elle » (*Ibidem*).

Et, à ce propos, l'on disait au congrès de Lyon :

« En inventant le salariat, la bourgeoisie a cru mettre une barrière infranchissable entre elle et le prolétariat. Elle ne s'est pas trompée : la barrière ne peut être franchie; mais elle peut être supprimée. Pour cela, il faut prêcher la guerre des classes, sur le terrain intellectuel, économique, juridique et politique. Cette guerre logique, nécessaire, trouvera son explication dans celle que la bourgeoisie a faite à la fin du siècle dernier. Le bulletin de vote a provisoirement remplacé le fusil, mais il se peut que le bulletin de vote devienne insuffisant; soyons prêts... Le salaire n'est qu'un faible rémunérateur du travail... Il est donc justement condamné; il disparaîtra naturellement quand la propriété sera devenue collective. »

Parmi les brouillons de propositions que comptait dévolopper le citoyen Guesde, au congrès international interdit en 1878, se trouvait la note suivante lue au procès et reproduite par la *Gazette de France*. Cette note s'accorde absolument avec les décisions du congrès de Lyon.

« 1° Sur la première question (le salariat),
« Considérant, etc.,
« Le congrès déclare :
« Que l'abolition du salariat doit être l'unique objectif de la classe ouvrière ;
« Et, attendu que le salariat ne saurait être aboli que quand tous les travailleurs posséderont tout le capital qu'ils mettent en valeur ;
« Attendu, d'autre part, que cette possession du capital par ceux qui le mettent en valeur ne saurait être universelle et constante qu'autant que, cessant d'être individuelle ou corporative, elle deviendra collective, sociale, personnelle, indivise ; le Congrès demande que tous les moyens de production, de transport et de communication soient repris par la collectivité. »

C'est presque textuellement la résolution votée au congrès de Marseille l'année suivante. Voici d'ailleurs celle qu'a votée le congrès ouvrier collectiviste révolutionnaire du Centre en 1880 :

Considérant que, si le salariat est un progrès sur le servage du moyen âge et sur l'esclavage antique, c'est surtout un progrès pour la classe capitaliste, dont les capitaux sont devenus beaucoup plus productifs sous l'action du travail dit libre, et qui se trouve déchargée vis-à-vis des travailleurs salariés des devoirs que son intérêt même lui imposait vis-à-vis des travailleurs esclaves, représentant une valeur vénale ou d'échange, et comme tels protégés, dans une certaine mesure contre les accidents, les maladies, etc. ;

Considérant qu'il n'existe aucune proportion entre la rémunération du travail par le salaire et le produit du travail ; que la productivité du travail peut être triplée, décuplée, centuplée par les découvertes et applications scientifiques sans que les salariés en bénéficient si peu que ce soit, parce que le salaire n'est que le prix du travail considéré comme marchandise et est déterminé par suite comme le prix de toutes les marchandises par l'offre et la demande ;

Considérant que, comme la valeur de toute marchandise, la valeur de la marchandise-travail ou le salaire ne saurait dépasser le coût de production ou de reproduction, autrement dit ce qui est strictement nécessaire au salarié pour subsister et se reproduire sans que la multiplication des travailleurs qui s'en suivrait ne l'y ramène aussitôt ;

Considérant qu'il peut et qu'il doit au contraire descendre au-dessous, dès que, selon l'expression de Turgot, « les salariés dépassent le nombre dont on a besoin ;

Ce qui revient à dire qu'avec le salariat la misère des producteurs de toute richesse est éternelle ;

Le Congrès déclare.

Que l'abolition du salariat doit être l'unique objectif de la classe ouvrière.

Le vote avait été précédé d'autres considerants qu'il convient de rappeler.

Ainsi le citoyen Légal disait, dans la séance du 22 juillet 1880 :

Considérant que le salariat, tel que nous le subissons actuellement, n'est que la continuation de l'esclavage et du servage sous une forme déguisée, mais que les conséquences en sont les mêmes, nous sommes d'avis que le prolétariat ferait fausse route et n'aboutirait à rien en cherchant à améliorer une si mauvaise institution, qui ne sert qu'à l'exploitaton des travailleurs par les parasites bourgeois qui jouissent seuls des fruits de notre travail, en nous maintenant toujours dans la plus affreuse misère, nous, les producteurs de toutes ces richesses, de toutes les jouissances que peut se procurer la société.

Après avoir adopté la transformation de la propriété individuelle en propriété collective indivise et inaliénable, qui, nous en sommes certains, sera la fin de l'exploitation de l'homme par l'homme, du travail par le capital, nous concluons *à la suppression du salariat actuel*, remplacé par la réparation du produit intégral du travail, la solidarité et les charges sociales remplies.

Dans ia même séance, le citoyen Hervé avait dit :

« Tant que le travailleur ne sera pas en possession des usines et des instruments de travail, il ne sera qu'un salarié, et que le *salariat est la plus grande plaie* qu'il ait à faire disparaître, et qu'elle ne disparaîtra que lorsqu'il aura supprimé le capitaliste, le patronat, et qu'il sera mis en possession de l'outillage dont il est le producteur, du sol, dont il est l'outil, et de l'usine dont il est le constructeur ; en un mot, lorsque, comme le dit la *Marseillaise des travailleurs,* la terre sera au paysan et l'outil à l'ouvrier. »

Le 20 août dernier, un rédacteur du *Citoyen*, M. Henri Brissac, de la Commune, écrivait dans le même ordre d'idées :

« Outre le parasite qui tue et ruine, comme le soldat ; le parasite qui abrutit, comme le prêtre ; le parasite qui cuve son capital, comme l'oisif ; il y a le parasite qui étend ses tentacules sur le producteur et le consommateur, comme le commerçant. »

Pour la rente et l'intérêt, ce « sont des iniquités qu'il faut abolir, » une « véritable exploitation, dont le prolétaire est la première victime » : aussi le congrès de Marseille a-t-il voté « 1° l'abolition de la rente, 2° l'abolition de tout impôt. »

Le programme radical socialiste de septembre 1877 réclamait aussi (article 15) : « l'abolition de tous les impôts et leur remplacement par un impôt unique et progressif avec un minimum déterminé par une loi. »

C'est qu'en « principe l'impôt n'est pas équitable, en fait il est inique », disait-on au congrès de Lyon, le 3 février 1878, où l'on proposait d'abord la suppression des octrois — que M. Gambetta avait juré de réclamer aussi en 1869, et qu'un conseiller municipal de Paris faisait demander cette année même dans une grande réunion au Château-d'Eau.

Au procès du congrès international interdit en 1878, on a donné lecture de la réponse du citoyen Jules Guesde à la question de l'impôt. Et voici ce qu'il proposait.

« 3° Sur la troisième question (impôt) :
« Attendu que l'impôt... est toujours payé exclusivement par le travailleur...;
« Le congrès déclare... que l'impôt n'est pas à modifier, mais à *abolir* et à remplacer par le sur-produit qui résulte de l'inégalité de productivité des capitaux existants, et qui, perçu aujourd'hui par les propriétaires individuels de ces capitaux, reviendra à la collectivité remise en possession de tout le capital existant... »

Le congrés ouvrier collectiviste révolutionnaire du Centre en 1880 a un peu modifié ce programme, il se contente d'un impôt unique sur le revenu, et dans les résolutions votées l'on trouve :

« 10· Abolition de tous les impôts indirects et transformation de tous les impôts directs en un impôt progressif sur les revenus dépassant 3,000 fr. — *Suppression de l'héritage en ligne collatérale et de tout héritage en ligne directe dépassant 20,000 francs.* »

Plusieurs délégués demandaient dans la séance du 25 juillet l'abolition radicale de l'héritage : leur amendement fut repoussé. Mais le citoyen Harvy a expliqué cette rédaction dans des termes qui ne peuvent laisser de doutes sur les tendances du parti révolutionnaire :

« Il est évident, dit-il, que tous les orateurs que vous avez entendus ici, sauf deux ou trois, je crois, sont tous partisans de l'abolition de l'héritage. C'est justement ce qui fait la confusion. Ce qui vous est proposé, c'est un programme *minimum*, c'est un programme de revendications à appliquer *immédiatement*, capable de rallier la plus grande masse possible de travailleurs de tous genres, et non pas un programme destiné à être adopté dans la société que nous rêvons. »

Je crois avoir surabondamment prouvé, par des textes récents et péremptoires, qu'il existe des hommes mécontents de l'état actuel, qui rêvent le bouleversement, l'anéantissement de toutes les institutions sociales, ne veulent plus ni Dieu, ni religion, ni gouvernement, ni famille, ni armée, ni magistrature, ni propriété individuelle, ni hérédité, ni capital, ni rente, ni impôts, ni crédit, ni compagnies, ni aucune des institutions et des lois religieuses, politiques et économiques admises dans le monde civilisé.

On a vu également que ces hommes sont unis entre eux, sinon sur les moyens, où l'on peut constater à la rigueur certains désaccords, du moins sur le but. Ils forment bien un parti organisé avec comité central, sections régionales, bureaux, correspondants, congrès, conciliabules et journaux. J'ai déjà répondu ainsi en grande partie à la question que je posais au début de ce travail, en demandant si le parti de la liquidation sociale n'est pas mieux organisé, plus audacieux et plus fort qu'à la veille de la commune de Paris en 1871. Je dois cependant signaler encore quelques détails caractéristiques, et faire quelques rapprochements intéressants.

§ 9. — *Progrès du socialisme en ces derniers temps. — Les Internationalistes. — Organisation de la fédération révolutionnaire, des régions et des comités. — Les résultats des congrès. — Les cercles d'étude sociale. — La propagande. — Les journaux.*

Avant la commune, une seule association sérieument organisée poursuivait la révolution sociale, c'était l'Association Internationale des trayailleurs, fondée le 28 octobre 1864, au meeting tenu à Londres en faveur de la Pologne, en attendant le congrès projété en 1866. Il faut remarquer d'ailleurs que, dès 1862, des ouvriers français en avaient transporté l'idée à Londres, lors de l'exposition universelle, et qu'on a pu dire ainsi : « l'Internationale est venue au monde à Paris, et fut mise en nourrice à Londres. » Détail à noter : le règlement provisoire qui précéda les statuts de l'Internationale portait le même titre que la réunion de 1876 à Paris, « Congrès ouvrier. »

L'Association avait rapidement progressé. Quelques manifestes apparurent avec des signatures d'affidés que nous retrouverons au premier rang de la Commune de Paris et en tête des insurrections des départements en 1871 ; il suffira de citer ceux de Pindy, Johannard, Malon, Louis Chalain, Davoust, Combault, Varlin.

Des Congrès internationaux avaient lieu, et donnaient à la Société une impulsion considérable. A ce point que le premier procès de l'Internationale, en juin 1868, révélait la présence de 700 membres seulement à Paris, et que le second procès de juin 1870 accusait en France, 433.785 affiliés à l'Internationale, au moment même où l'un des membres les plus anciens de l'Association, le citoyen Albert Richard, évaluait en Europe et en Amérique à 7 millions le nombre des « travailleurs » embrigadés. (*Progrès* de Lyon, 25 juin 1870.)

Il est impossible de connaître au juste en ce moment le nombre des membres de l'Internationale et des groupes révolutionnaires qui en font partie. Cependant il faut constater d'abord, tellement ce nombre est considérable, qu'il a fallu établir en France une section particulière, avec comité fédéral, sous le nom d' « Union fédérative révolutionnaire. »

Puis, si à la veille de la Commune, des sections existaient à

Paris, Marseille, Rouen, Roubaix, Besançon, Limoges, Aix, la
Ciotat, Lyon, Saint-Etienne, Elbeuf, Gonfaron (Var), Brest, le
Mans, Fourchambaut, le Creuzot, Vienne et quelques autres, on
ne comptait cependant encore que quatre fédérations.

Aujourd'hui on en compte six : 1° celle du Centre (Paris), 2° de
l'Est (Lyon), 3° du Midi (Marseille), 4° du Nord (Lille), 5° de
l'Ouest (Bordeaux), 6° de l'Algérie (Alger).

Est-il nécessaire d'ailleurs, d'avoir une majorité pour terroriser
un pays? Est-ce que les révolutions n'ont pas été faites toujours
par des minorités? Combien étaient-ils les assaillants de la Bastille ? Combien étaient-ils ceux qui inondèrent Paris et la France
entière de sang, sous la Terreur? Combien étaient-ils ceux qui,
pendant la Commune, nous tenaient sous leur joug ? Une minorité infime, une poignée.

Et ces derniers ne l'ignorent pas.

« Nous savons que nous ne serons qu'une minorité pour faire la révolution
disait le 18 juillet 1880 le délégué du XIIIe arrondissement au Congrès de
l'Alhambra. Eh bien! c'est cette minorité qu'il faut rendre consciente et non
pas dévoyée... Il vaut mieux avoir 5000 individus qui sauront bien ce qu'ils
veulent, prêts à toutes les éventualités que 100,000... »

Ne sont-ils que 5.000 aujourd'hui dans les 6 régions, dans les 4
ou 500 sociétés fondées, assurément non. Et d'ailleurs le nombre
des partisans de la révolution sociale augmente chaque jour.

J'ai cité déjà ce rapprochement des affiliés à l'Internationale
constatés en 1868 au nombre de 700 à Paris, et en 1870 au nombre
de près de 500.000 en France. N'a-t-on pas aussi l'exemple des
socialistes allemands ?

« Il y a douze ans, disait le 18 juillet dernier un orateur du Congrès de
Paris, quand on les a lancés dans la voie du parlementarisme, il ne s'agissait
pour eux que de se grouper; ils sont aujourd'hui 800 mille électeurs socialistes, ils ont organisé des associations, des imprimeries... »

Les chiffres cités sont même au-dessous de la réalité, car
Liebknecht, député socialiste au Reichstagt en relations actuellement avec les journaux socialistes français, l'a reconnu publiquement: « En 1871, dit-il, les socialistes allemands n'obtenaient aux
élections que 140.000 voix, tandis qu'en 1877, ils en obtenaient
600.000, et en juillet 1878, près d'un million ! »

Certes, voilà des exemples bien faits pour nous impressionner.

Quant au nombre de bureaux et de sociétés correspondantes du Comité fédéral de Paris, j'ai déjà cité un journal de l'Internationale, avouant qu'il n'y avait peut-être pas à l'heure actuelle en France « une seule localité » qui ne comptât des affiliés.

Dans l'impossibilité où je suis d'entrer dans les détails pour chacune des six fédérations ; je me contenterai de comparer l'organisation de la fédération qui a Paris pour capitale. Elle s'appelle aujourd'hui : la « Région du Centre. » Elle s'appelait autrefois : la « Fédération Parisienne. » Lorsqu'elle fut constituée au commencement de 1865, elle avait, comme simple *section*, son siège rue des Gravillers, n° 44. A la fin de l'année 1866, elle comptait 600 membres.

Le 18 avril 1870, une assemblée présidée par Varlin adoptait les statuts de la *fédération* parisienne : 16 sections s'étant adjointes à la première, on avait jugé nécessaire de changer sa dénomination.

En 1871, Paris possédait une chambre fédérale des sociétés ouvrières (dont le secrétaire, le citoyen Theisz, aujourd'hui rédacteur de l'*Intransigeant*, nouveau journal de Rochefort, habitait 12, rue de Jessaint), comprenant 40 sociétés adhérentes, une caisse fédérative de cinq centimes (secrétaire, le citoyen Lombart, rue Saint-Martin, 318, dont nous retrouverons le nom dans les feuilles socialistes et les congrès de 1876 à 1880) comprenant 20 sociétés ; et la fédération (dont le secrétariat, 60, rue de l'Eglise, avait pour titulaire le citoyen Langevin, dont nous retrouverons le nom dans le journal le *Mot d'Ordre*, en 1880) comprenant encore 25 sociétés.

Alors en tout 85 sociétés liguées. Aujourd'hui, il y en a 100, (le minimum des membres est de 15, d'après les statuts), 54 à Paris, 46 dans les 22 départements que comprend la région du Centre, dont la superficie est inférieure à celle de la fédération de 1871, puisque la France révolutionnaire est partagée en 6 régions, en 1880, et qu'alors elle était divisée seulement en quatre fédérations (1).

---

(1) A Reims seulement « 3,500 travailleurs syndiqués » se sont déclarés collectivistes révolutionnaires (V. le manifeste publié dans le *Citoyen* du 9 septembre 1880).

Un Comité central, en rapport avec le Comité central de l'International à New-Yorck, siège à Paris, 13, impasse Ménilmontant: il a ses délégués, ses secrétaires, sa caisse ; c'est lui qui prépare l'organisation des congrès. Or, on a vu comment, depuis 1876, ces congrès ont accentué leur caractère révolutionnaire : de ce côté-là, aussi, les progrès du mal sont incontestables.

Les organes du parti socialiste l'avouent hautement, d'ailleurs :

« La *marée monte* avec une force incomparable, disait M. H. Brissac, de la Commune, dans le *Citoyen* du 13 août dernier, et noiera toutes les résistances dans un avenir prochain. Notre République ne continuera pas d'être fermée aux problèmes sociaux. »

C'est ce que constatait, il y a moins d'un an, le *Prolétaire* (n° du 29 novembre 1879).

« Depuis deux ans surtout, disait ce journal, les idées de réformes sociales ont fait à Paris et dans les départements des progrès remarquables, et, de tous les points de la France, les travailleurs commencent à secouer les chaînes de leur servitude. Les grèves éclatent de toutes parts, et la scission s'accentuant davantage entre le prolétariat et la bourgeoisie de nuances politiques diverses, il est possible d'affirmer que la justice sociale triomphera, dans un avenir prochain, des résistances intéressées de quelques millions d'individus. »

Dans le même sens, le nouveau journal de M. Rochefort, l'*Intransigeant*, pouvait dire (le 25 juillet 1880) :

« La contagion radicale gagne tous les jours en province. »

L'*Algérie* elle-même avait, dès l'année dernière, opéré la fédération de ses chambres syndicales, au dire du journal la *Fédération* de Marseille (décembre 1879).

Et les meneurs le reconnaissent sincèrement.

« Les Congrès de Paris et de Lyon, remarquait l'année dernière à la veille du Congrès de Marseille, le *Père Duchène*, du 3 août 1879, ont déjà permis à la classe ouvrière d'affermir sa force. Petit à petit elle s'organise et pourra, plus tôt qu'on ne pense, diriger cette force-là, où pèsent plus lourdement sur les épaules du peuple, les injustices sociales. » Et le *Père Duchène* ajoutait : « Si le Congrès de Marseille a lieu, et il aura lieu, la Révolution en tirera profit ; car encore une fois, ce sera un pas en avant vers l'organisation socialiste et l'affirmation des droits prolétariens. »

Qui pourrait le nier ?

Ecoutons d'ailleurs les orateurs du Congrès de Paris, (dans les séances des 21 et 22 juillet 1880).

« Nous venons continuer notre œuvre, dit le citoyen Deynaud, de l'union syndicale des travailleurs de la Seine, malgré tous les cris, les hurlements de la bourgeoisie qui commence à avoir peur.

« Il y a quelques jours, nous n'existions pas ; aujourd'hui, on a peur : nous existons au su de tout le monde et malgré l'œuvre de nos plus mortels ennemis. La façon de constater notre vie est plaisante ; elle nous vaut des épithètes d'hypocrites, de calomniateurs, de bandits, d'échappés du bagne, d'individus sortis de la boue. Eh bien, ces choses nous émotionnent peu.

« Il est utile, ajoute le citoyen Deynaud, nous dirons même urgent, de se prononcer pour la suppression du salariat, parce que, malgré les obstacles qu'ils rencontrent, vos travaux ont une portée considérable au point de vue de la propagation des idées d'émancipation ouvrière ; parce qu'une fraction de ce prolétariat, qui a pour mission de détruire les tyrannies qui pèsent sur l'humanité, s'intéressera à vos travaux ; parce qu'en lisant les diverses études écloses dans ce milieu ouvrier, la classe des travailleurs comprendra que, si les revendications sociales ont échoué dans le passé, quoiqu'elles eussent pour elles le bon droit, elles sont aujourd'hui dans la voie du triomphe, de la victoire définitive. Elle reprendra courage et se réveillera de la torpeur dans laquelle l'entretient la classe bourgeoise en lui prêchant la fatalité et l'éternité de la misère, tantôt au nom de la religion, tantôt au nom d'une science menteuse. »

Voilà, certes, longtemps que cette question « la propriété, » est controversée, dit de son côté le citoyen Gély, délégué du groupe d'études sociales du 3ᵉ arrondissement.

« Mais il faut reconnaître et constater que cette question, qui occupait quelques esprits supérieurs, il y a quelques années, est depuis près *de cinq ans surtout,* bien vulgarisée, grâce aux savants socialistes pour la plupart bourgeois, qui, mus par un sentiment de justice, ont livré aux travailleurs les fruits de leurs investigations dans la science sociale (1).

« Un des résultats incontestés de cette propagande fut, sans contredit, la

---

(1) « Depuis 1871 l'idée collectiviste a pris un immense développement, dit un Colinsien, M. Fréd. Borde dans sa brochure le *Collectivisme au Congrès de Marseille* (in-8° 1880). Aujourd'hui cette idée est soutenue par une foule d'écrivains, dont voici les principaux : Agathon de Potter, de Laveleye, de Paepe, Élisée Reclus, A. Léo, Stuart Mill, Herbert Spencer, Max Donnel. David Syme, Liebneckt, Bebel, Hasenclever, Castellazo, Carlo Pissacane, Tchernichewski, Malon, Guesde, Fauconnier, Delaporte, Pignon, Samter, Henry George, etc.

résolution du Congrès de Marseille touchant l'appropriation collective de tous les capitaux.

« Ce fut un coup de foudre qui troubla la digestion de la bourgeoisie satisfaite et repue.

« Elle a, depuis, cherché à cacher son trouble en nous accablant d'injures et des invectives les plus grossières.

« Cette rage nous prouve que l'on a touché juste. Elle voit, en effet, les travailleurs s'intéressant aux questions, de la réalisation desquelles dépend leur bien-être physique, moral et intellectuel ; elle voit que nous commençons à être édifiés sur la valeur de ses dithyrambes en faveur de la Liberté, de l'Egalité et de la Fraternité, dont la réalisation, en effet, est impossible sans la transformation de la propriété individuelle en propriété collective, venant ainsi garantir l'émancipation politique de l'individu par son émancipation économique. »

Et l'un des principaux meneurs, le citoyen Massard, reconnaissait ainsi dans son discours de clôture, le 25 juillet suivant, les progrès de la Révolution sociale.

« Quels que soient, dit-il, les résultats immédiats de ce Congrès, l'œuvre qui s'en dégagera sera une œuvre utile, féconde...

« L'idée, qui n'était que vague, indécise d'abord, s'est dégagée complètement.

« Aujourd'hui, on peut affirmer qu'elle n'est plus à mettre à exécution, attendu que déjà il existe un grand parti ouvrier qui ne demande que du temps, de l'activité, une tactique réfléchie, pour devenir le parti qui, constitué contre les partis bourgeois indistinctement, englobant tous les travailleurs de France, aura la mission d'accomplir cette Révolution qui s'impose et dont, dès le début, vous avez reconnu la nécessité. »

On ne s'étonnera pas ensuite si l'organe des anarchistes, le *Révolté* de Genève (n° du 7 août 1880), disait :

« Le Congrès de Paris prouve encore une fois que *le réveil socaliste en France est plus sérieux qu'on ne le pense généralement.* Ce n'est plus seulement une vague aspiration vers le collectivisme que ce Congrès a affirmé : quelques délégués sont entrés dans la discussion sérieuse des *moyens d'opérer l'abolition de la propriété individuelle.* Les discussions, il est vrai, ont été vives, surtout à cause de l'esprit d'exclusivisme et du désir d'imposer leur programme, dont les collectivistes-autoritaires ont fait preuve... »

Mais « *c'est pour la première fois que les idées anarchistes* ont été exposées, en partie, dans un Congrès français ; et, si elles ont peut-être paru trop avancées à certains délégués, *d'autres au contraire ont très bien compris* qu'elles s'approchent plus de la vérité que les tendances confuses des collectivistes-autoritaires. »

Pour donner de la force aux décisions des congrès, il fallait des adhésions nombreuses, des groupes sérieusement constitués. C'est ce qu'ont voulu faire les organisateurs de ces assemblées en tirant parti de l'association (l'objet des délibérations de la première session de 1876), en organisant à leur profit les chambres syndicales, les sociétés coopératives et les cercles d'études sociales.

Les sociétés coopératives de production et de consommation, d'après les résolutions du congrès de Marseille, ne doivent d'ailleurs être employées que comme moyen de propagande, « ces sociétés ne peuvent aucunement être considérées comme moyen assez puissant pour arriver à l'émancipation du prolétariat. » Mais cela suffit et « ce genre d'association pouvant rendre des services, comme moyen de propagande, pour la diffusion des idées collectivistes et révolutionnaires, dont le but est de mettre les instruments de travail entre les mains des travailleurs, il doit être accepté au même titre que les autres genres d'association, dans le seul but d'arriver, le plus vite possible, à la solution du problème social par l'agitation révolutionnaire la plus active. »

De même, « la majorité voit dans les chambres syndicales un moyen d'action pour propager, après étude, le socialisme, à n'importe quelle école il appartienne ; elle y voit aussi un moyen de fédérer entre eux, dans toute la France, aussi bien à la ville qu'à la campagne, tous les groupes d'un même état, pour arriver à un certain moment, à la fédération générale de toutes les corporations. »

De l'aveu du congrès de Marseille (séance du 25 octobre 1879) « les cercles d'études sociales sont des laboratoires où l'on prépare les raisonnements qui doivent entraîner le prolétariat dans le mouvement socialiste.

« Ils sont de création récente, pouvait-on dire dès l'année dernière, et déjà ont rendu d'incontestables services. Il y en a dans tous les grands centres et le souci de la démocratie doit être de les propager encore et de les unir ensemble par le lien puissant de la fédération. »

Ce qui n'était qu'un vœu en 1879 est devenu une réalité en 1880. Aujourd'hui l'union fédérative comprend dans la seule région du centre plus de 250 cercles d'études sociales, chambres coopératives et chambres syndicales, qui ont le même but que les 100 sociétés révolutionnaires et socialistes dont j'ai déjà parlé.

Le *Mot d'Ordre* publiait, le 6 août 1880, le programme du cercle d'études sociales des prolétaires de Lyon-Guillotière, où nous trouvons une définition non suspecte de ces sortes d'associations :

« A titre de *propagande socialiste*, y est-il dit, et afin d'arriver à la fédération de tous les intérêts ouvriers, nous publierons nos résolutions, c'est-à-dire les décisions prises sur les idées qui auront prévalu dans nos cercles.

« Les Cercles d'études sociales, tels que nous les comprenons, doivent aussi servir d'intermédiaires entre tous les prolétaires socialistes ; rassembler leurs forces en un seul faisceau destiné à faire fléchir les entraves apportées à la marche du socialisme républicain-radical et à l'efficacité des revendications prolétariennes ; communiquer entre eux par correspondances et délégations ; se conseiller mutuellement ; s'inspirer des mêmes idées ou à peu près, mais devant produire un résultat identique ; réunir dans leur sein les socialistes de divers comités politiques, désunis par des dissidences toujours fâcheuses et souvent un obstacle à la réalisation de nos vœux, et enfin soumettre aux corps élus, eu égard à leurs attributions respectives, les résolutions prises, et les sommer au besoin d'en tenir compte pour les faire entrer du domaine idéal dans celui de l'application.

« C'est dans la ferme intention et avec l'espoir de remplir ce but que s'est fondé à Lyon-Guillotière le « Cercle d'Etudes sociales des Prolétaires collectivistes. »

Ajoutons qu'il n'y a pas de semaine où quelque sommité de la presse radicale, du Conseil municipal, ou des Chambres, ne fasse à Paris, (à Clignancourt, à Ménilmontant, à Batignolles, rue de Lévis, rue d'Arras, salle Graffard, et dans vingt locaux que l'on pourrait citer,) des conférences populaires où la religion et la société sont violemment attaquées, l'histoire falsifiée, le bon sens et le droit foulés aux pieds. Et l'on aura une idée de l'activité prodigieuse des loges et des cercles socialistes dans la propagande révolutionnaire.

Passons à la presse, que M. Laisant, député, directeur du journal radical et irréligieux le *Petit Parisien*, appelait récemment (à Tours, le 26 juillet 1880), le « véhicule des idées » et dont Victor Hugo (toast au banquet du 1er mars 1880) disait qu'elle agissait « à la fois et à toute minute sur toutes les parties du monde civilisé » ; cela très justement, car selon le Père Lacordaire, « tout homme est un être enseigné » et de ce temps-ci, surtout dans la classe ouvrière, l'homme ne reçoit guère d'autre enseignement que celui du journal qu'il lit.

Comme le disait le chef suprême de l'Eglise catholique (Encyclique du 28 décembre 1878) :

« Cette audace d'hommes perfides qui menace chaque jour de ruines plus graves la société civile, et qui excite dans tous les esprits l'inquiétude et le trouble, tire sa cause et son origine de ces doctrines empoisonnées qui, répandues en ces derniers temps parmi les peuples comme des semences vicieuses, ont donné en leur temps des fruits si pernicieux. »

C'est là ce que comprennent fort bien — et mieux que les conservateurs — les socialistes.

« Il est absolument nécessaire, disait le 22 juillet 1880, au Congrès de Paris, le citoyen J. Ardouin, d'organiser une presse ouvrière chargée *de répandre partout les idées sociales* en faisant la diffusion de tous les systèmes en présence *pour arriver à la Révolution*, et surtout maintenir l'union et la conciliation parmi la classe ouvrière. A côté de la presse ouvrière, nous devons avoir la tribune ; partout des conférences faites par des délégués ouvriers qui formeront l'instruction du peuple, qui doit être avant la Révolution sociale, organisé et instruit de ses droits et avoir une conception bien nette de ses devoirs.

« Cette organisation primordiale du prolétariat est une des conditions *sine qua non*, pour que la Révolution porte ses fruits et n'aboutisse pas à une déception, comme les défaites prolétariennes de 1832, Juin 1848 et 1871. »

« Un journal, dit de son côté la *Guerre sociale*, ne vaut pas le fusil qui nous serait si utile dans ces moments de rage et de fureur bourgeoises que nous traversons, mais c'est aussi une arme *qui prépare* à l'usage de l'autre et atteint moralement ceux que nous serons obligés d'exécuter ensuite tout autrement. »

Aussi quels progrès n'a pas fait la presse révolutionnaire depuis 10 ans ?

En 1871, la fédération parisienne n'avait qu'un seul organe, *le Socialiste*, et dès le second numéro, ce journal suspendait sa publication.

Aujourd'hui, outre les journaux publiés en français, tant en Belgique qu'en Suisse, comme le *Révolté* (1), le *Drapeau rouge*, la *Voix de l'Ouvrier*, le *Mirabeau*, l'*Ami du Peuple*, la *Persévérance anarchiste* (qui vient de succéder au *Cri du peuple* et se distribue

(1) Le *Révolté*, publié à Genève, mais surtout destiné aux anarchistes français paraît tous les 15 jours. Le premier numéro est du 6 mars 1879, cette feuille fut fondée, avec 23 francs de capital. Elle comptait 1,800 abonnés six mois après, et put bientôt, de ses propres ressources, fonder une imprimerie socialiste à la Chaux-de-Fond.

gratuitement), et d'autres feuilles qui parviennent dans notre pays, la révolution sociale a pour « véhicule de ses idées » un nombre considérable de journaux et de revues : le *Citoyen* (1), la *Philosophie de l'Avenir* (2), le *Prolétaire* (3), l'*Egalité* (4), la *Fédération* de Marseille (5), la *Revue socialiste* (6), le *Cri du peuple*, le *Droit social* et la *Marseillaise* (7) de Lyon, le *Père Duchène* (8), sans compter la *Commune* (9), la *Révolution sociale*, l'*Emancipation* de Paris, la *Con-*

(1) Le *Citoyen* « journal radical quotidien » D' Achille Secondigné. Parut le 10 janvier 1880, pour « montrer aux travailleurs que, isolés, ils ne peuvent rien et que, unis et fédérés, ils peuvent tout contre notre état social. » C'est le principal organe quotidien des collectivistes. Il tire, de son propre aveu, à 43,000 exemplaires au mois d'août 1880, six mois après sa fondation.

(2) La *Philosophie de l'Avenir* « revue mensuelle du socialisme rationnel rédigée par les Colinsiens », dirigée par F. Borde.

(3) Le *Prolétaire*, fondé à Saint-Cloud, le 23 novembre 1878, par l'Union des travailleurs, composée de 600 ouvriers, à la suite d'un vœu des congrès de Lyon et de Paris « Journal républicain des ouvriers démocrates socialistes. » Rédacteur co-gérant, S. Paulard, paraît tous les samedis. Dès le 4e numéro, le journal comptait 900 abonnés : il en a aujourd'hui 5,600. Le cautionnement a été fourni par plus de 20 chambres syndicales. (V. le n° du 4 septembre 1880.)

(4) L'*Égalité*, feuille hebdomadaire, s'intitulant dès son premier numéro (le 18 novembre 1877) « journal républicain socialiste, « puis aujourd'hui « organe collectiviste révolutionnaire. » Imprimé à Meaux Rédacteur en chef : Jules Guesde. Quotidien à partir du 1er octobre 1880 sous le titre l'*Émancipation*, « organe du parti ouvrier », dont le rédacteur en chef est B. Malon, les principaux collaborateurs Jules Guesde, Massard, J.-B. Clément. Lombard, Deville, et les correspondants Léo Frankel, de Paepe, Costa, Gnocchi-Viani, Bebel, Liebknecht, etc... — L'*Egalité* a donné son nom à la *Revue socialiste*.

(5) La *Fédération* de Marseille, et la *Justice sociale* de cette ville dont la fondation fut décidée au commencement de cette année avec un programme que le *Révolté* résumait ainsi : « La commune libre des travailleurs abolissant le régime capitaliste, et abolissant l'Etat par le soulèvement général des communes. »

(6) La *Revue socialiste*, fondée en mars 1880, imprimée à Saint-Cloud. Elle compte parmi ses collaborateurs principaux, Jules Guesde, Gnocchi Viani, G. Deville, V. Delahaye, etc. Sous la direction de B. Malon, change son titre le 1er octobre 1880, pour celui de « l'*Égalité*, revue socialiste. »

(7) La fondation du *Droit social* de Lyon a été décidée en 1880, au congrès régional de l'Est (dont la *Réforme* publiait les procès-verbaux), pour être l'organe de la Fédération de l'Est.

(8) Le *Père Duchène*, journal républicain socialiste, hebdomadaire, rédacteur en chef : Hyppolyte Buffenoir. Fondé en 1878. Interrompu pendant un an, à la suite du procès de l'assassin Lebiez qui devait être le gérant de cette feuille. Ce procès fit savoir que le cautionnement du journal avait été fourni par une poméranienne, en même temps que l'on sut, d'autre part, que le journal de M. Louis Blanc, l'*Homme-libre*, aujourd'hui disparu, était subventionné par un russe.

(9) *La Commune*, directeur politique Félix Pyat, affichée en septembre 1880 comme devant paraître prochainement.

vention nationale, dirigée par Jourde, amnistié, la *Réforme* de Lyon, la *Justice sociale* de Marseille, la *Voix du Peuple* de Bordeaux (1), qui sont annoncées, sans compter aussi le *Mot d'Ordre*, le *Reveil social*, la *Lanterne*, l'*Intransigeant*, la *Justiee*, la *Marseillaise*, le *P etit Parisien*, le *Rappel*, l'*Avant-garde*, l'*Anti-Clérical* et nombr e de ournaux qui ne font à l'anarchie qu'une « opposition de bouti-que,» comme on l'a si bien dit au congrès de l'Alhambra à la suite d'une lettre du citoyen Amouroux du *Mot d'Ordre*. (V. le *Temps* du 28 juillet 1880.)

Je ne parle pas du *Movimento sociale*, de la *Plebe*, de l'*Agitatore*, ni du *Wolksfreund* de l'Italie et de la Suisse allemande, ni du *Sozialdemokrat* et de la *Tagwacht*, ni de la *Revista sociale* de Barcelone, ni des journaux *Terre et Liberté* et la *Volonté du Peuple* répandus par les nihilistes, en Russie, malgré la police du Tzar.

On objecte que les doctrines soutenues par ces feuilles, et à l'occasion par d'autres que nous omettons, sont celles d'une infime minorité. Si cela était, comment vivraient ces journaux. Il faut savoir ce que coûte un journal pour se rendre compte de l'argent nécessaire à sa subvention. Or, cet argent vient ou par le tirage, la publicité, ou par dons volontaires. Et puisque tous les journaux révolutionnaires peuvent vivre, quelques-uns même dans une situation florissante, il faut ou bien qu'ils trouvent un grand nombre de lecteurs — c'est le cas, je le crois, car un journal conservateur évaluait récemment à 500,000 le nombre des exemplaires qu'ils vendent, — ou bien que les comités qui les soutiennent soient en mesure de leur fournir assez d'argent pour les faire vivre avec peu d'abonnés. Dans l'un et l'autre cas, il y a là une force avec laquelle il faut compter et par conséquent un réel danger pour la société.

(1) La fondation de la *Voix du Peuple* a été décidée par le congrès régional de 1880, tenu à Bordeaux.

§ 10. — Les moyens d'accomplir la révolution sociale. — Emploiera-t-on le bulletin de vote ou la dynamite? — La revanche de la commune « trop clémente. » — Les assassinats et les incendies.

Faut-il s'étonner que le parti de la liquidation sociale, plus fort, mieux organisé que jamais devienne plus audacieux, et qu'à Paris, comme à Marseille, ait été donné ce scandale abominable d'une réunion d'hommes discutant publiquement la manière de voler, d'assassiner, d'incendier, d'anéantir la société.

Je le sais, la *République française,* la *France,* la *Lanterne* même et le *Mot d'Ordre* (qui n'avait pu obtenir comme le *Citoyen,* la faveur de reproduire les procès-verbaux officiels du congrès régional du centre, (v. la lettre d'Amouroux) se sont évertués à montrer que 'tous les adhérents du congrès n'étaient pas [partisans des moyens criminels, qu'il y a des socialistes, au contraire, qui espèrent arriver à leur but, — lé même — grâce au bulletin de vote, et sans effusion de sang. Nul ne le conteste, mais ce que ces journaux ne peuvent nier, c'est que la majorité des membres des congrès de Marseille (1879) et de Paris (1880) ont été d'avis, que seule la révolution violente répondait à leurs visées.

Et n'est-ce point suffisant pour effrayer à juste titre, sur les conséquences possibles, probables même, de cette guerre déclarée à la société ; car il faut bien aussi le reconnaître, d'après la majorité, qui a prescrit la participation aux élections, d'après ceux qui dirigent le comité fédéral, les socialistes qui rêvent la victoire pacifique sont des naïfs.

Ecoutons les orateurs du dernier congrès de Paris :

« Nous en avons entendu dire qu'ils voulaient une révolution pacifique : remarquait le 18 juillet 1880, le délégué du cercle d'études sociales du XIIIe arrondissement, nous avouons *ne pas savoir ce que cela veut dire.* Quant à nous, nous entendons par révolution *la reprise violente de tous les instruments de travail,* du sol, sous-sol et de tout ce qui constitue la propriété individuelle, au profit de la société ; *par révolution, nous entendons le renversement par la force, c'est-à-dire à coups de fusil, de tout ce qui constitue le gouvernementalisme actuel,* administration, magistrature, police et armée ; enfin, nous entendons employer *le peloton d'exécution,* aussi bien contre ceux qui voudraient escamoter la révolution à leur profit, que contre ceux qui voudraient nous empêcher de l'accomplir. »

« Croyez-vous, disait le citoyen Robelet, à propos d'une motion faite en faveur « des moyens pacifiques » croyez-vous, étant donné l'état actuel *de la bourgeoisie, que ces bourgeois se déposséderont jamais librement d'une parcelle de leur fortune?* Croyez-vous même que cette contribution de **25** p. **100** qui a été proposée sur les héritages par le citoyen Delaporte serait acceptée par les bourgeois? *Non certainement,* et selon moi, *c'est par la force seule,* que nous pourrons faire rentrer les bourgeois dans l'état social, c'est-à-dire redevenir comme nous des prolétaires, membres de la grande famille collectiviste, n'ayant pas le droit de posséder en propre ce qui appartient à **tous.** Voilà, sur un des points, comment je crois le collectivisme possible : *c'est par la force.* Non pas que ce soit pour nous un plaisir, mais bien une nécessité. *Je ne vois pas d'autre moyen d'arriver à ce résultat.* » (Séance du 20 juillet 1880).

C'est le même langage que tenait le 25 juillet suivant le citoyen Lemale :

« On ne peut pas, disait-il, transformer une société qui existe pendant des siècles, à qui une masse énorme d'intérêts, de préjugés, sont attachés et qui a façonné les intelligences et les cœurs, en proclamant un gouvernement provisoire du haut d'un hôtel de ville.

« *Il faut bouleverser tout, il faut porter la hache dans les entrailles mêmes de la société,* il faut secouer les couches profondes des masses endormies, et si cette puissance n'appartient qu'*à la guerre civile,* pourra-t-on nous en vouloir de lui souhaiter la bienvenue?

« Nous voulons donc *par la force détruire le gouvernement, par la force empêcher qu'aucun pouvoir ne s'organise ;* nous voulons, par la force, par le concours direct du peuple, sans lois et sans autre forme de procès, exproprier tous les détenteurs de toute la richesse sociale, détruire tout vestige de la propriété individuelle, aussi bien *de la religion que de l'armée, des pouvoirs judiciaire, politique et administratif.* Nous voulons enfin que le peuple lui-même, sans déléguer personne, *détruise la société actuelle,* qu'il en rende le retour impossible, et par lui-même organise la société nouvelle.

« Nous ne nous faisons pas illusion sur la probabilité de l'intervention des *moyens violents* dans la Révolution future, disait encore le 24, le citoyen Harry de la chambre syndicale des cordonniers. Il serait en effet *naïf* de croire que la classe possédante abandonnera tous les privilèges qui lui sont si chers sans y être contrainte de vive force. »

Tout cela est bien clair.

« Nous sommes de ceux qui sont pressés, impatients de voir l'humanité sortir de la barbarie bourgeoise, dit aussi le 19 juillet, le citoyen Bazin, oui, c'est pourquoi il faut **nous** organiser, c'est-à-dire créer le *seul moyen de réussite, la force.* »

« Les abstentionistes, dont nous sommes, disait la veille le délégué du VI⁰ arrondissement, répondent que, en principe, ils repoussent le vote parce que, au contraire de ceux qui croient que voter est bon à cause de l'habitude prise en France depuis trente ans, ils veulent déshabituer absolumnent la masse de se rendre au scrutin, pour lui montrer — logiquement, eux — *la barricade comme seul moyen d'émancipation sociale*, et ne pas tomber dans la faute commise en Allemagne, où l'on a montré la voie électorale comme devant seule la conduire à la satisfaction de ses *desirata*, et où maintenant l'on est obligé de changer de tactique et de *parler de la Révolution*. Nous ne voulons pas encourir le reproche trop fondé de tromperie ou d'ignorance qu'on pourrait nous faire si nous adoptions la marche des révolutionnaires illogiques qui, *tout en disant au prolétariat que son salut ne peut sortir d'une action pacifique*, lui recommandent néanmoins l'emploi du bulletin de vote comme moyen de propagande ou de dénombrement des forces révolutionnaires. »

C'est dans ces conditions que la participation aux élections est recommandée aux socialistes par le congrès de Paris : divers orateurs insistent sur ce point dans la séance de clôture.

« En affirmant l'urgence qu'il y avait à prendre part à la lutte électorale, dit le citoyen Massard, après une observation sincère de la situation matérielle et morale du Prolétariat, vous avez compris que c'était sur ce terrain seul que pouvait se recruter *l'armée révolutionnaire*, et vous avez décidé qu'il y avait lieu de prendre cette arme, qui s'appelle le bulletin de vote, pour la retourner contre la bourgeoisie, qui en fait une arme d'oppression. Vous vous servirez donc de ce chiffon de papier, *jusqu'au jour où, devenu inutile, vous vous en servirez pour bourrer vos fusils* (Applaudissements).

« Toutefois en reconnaissant la nécessité de prendre part à la lutte électorale, vous avez déclaré — inspirés en cela par les leçons de toute l'histoire — qu'il ne fallait pas compter sur l'efficacité du *parlementarisme et d'un progrès pacifiquement progressif*, et vous avez pensé, comme je le disais ce matin, que nous n'avions pas encore tiré le dernier coup de fusil contre le dernier bourgeois.»

« Si un jour, dit au congrès M. Secondigné du *Citoyen*, après l'application des réformes auxquelles nous avons droit, nous n'obtenons rien, eh bien ! *nous ferons appel à l'énergie, et la force populaire sera mise encore un jour au service de la Révolution.* »

Et le procès-verbal mentionne à la suite de ces paroles des « applaudissements prolongés. »

Les socialistes et les collectivistes sont d'ailleurs de fort bons apôtres. S'ils parlent d'employer la violence, c'est qu'en résistant, la société les y oblige. Ils la dévaliseraient volontiers sans répandre de sang, si elle voulait bien les laisser faire.

« Pourquoi s'insurgeraient-ils contre la légalité, 'disait la *Justice* (n° du 26 juillet 1880) s'ils peuvent s'en servir, s'ils peuvent rendre révolutionnaire la légalité même ? (1) »

Mais, disait le délégué des 5° et 13° arrondissements dans la séance du 22 juillet dernier, rappelant l'insurrection de Lyon, la Ricamarie, Aubin et plus récemment les charges de cavalerie de Reims, et de Roubaix.

« Est-ce que tout cela ne prouve pas surabondamment que le pouvoir, que l'autorité, quels qu'ils soient, sont et seront toujours et fatalement contre les travailleurs? Les pouvoirs ne se mangent pas, les autorités sont sœurs, le gouvernement de la Société et celui de l'atelier se donnent la main; nous ne pouvons anéantir l'un qu'*en détruisant l'autre.*

«Ma pensée, avait dit la veille le citoyen Godefroy, de la chambre syndicale des cochers, est qu'il faudra même, tôt ou tard, pour arriver à cette conquête, la conquérir comme toutes les libertés acquises, *c'est-à-dire au sacrifice du sang.* Tel n'est cependant pas mon désir ni le vôtre. Mais si nos ennemis nous y forcent, répétons. *Tant pis pour nous, mais malheur à eux!*

« *Nous ne prêchons pas la Révolution*, disait le même jour le citoyen Deynaud; nous *constatons seulement qu'elle est un fait absolument nécessaire dont nous démontrons la nécessité ;* et, en peu de mots, je crois que cette démonstration peut se faire. Nous ne trouvons dans l'histoire aucune espèce de progrès qui ait pu se réaliser, *sans faire couler des flots de sang.* Nous pourrions chercher des exemples sans pouvoir supposer que, dans l'état social actuel, nous puissions réaliser des progrès sérieux, sans en arriver aux mêmes dénoûments que ceux qui se sont déjà produits lorsqu'il y a eu un semblant de sérieux dans les revendications?

« C'est en présence d'une société comme celle-ci que vous venez dire à ceux qui constatent ce fait: Ces hommes prêchent la Révolution. Non, citoyens, *ils constatent la réalité*, et ils disent au peuple : *Prépare-toi à faire face à cette réalité ; tu dois la mâter, tu la mâteras. Ne ménage pas ton sang.*

« Est-ce donc être absurde, irrationnel, que de bien envisager ce moyen, que de bien voir toutes les difficultés qu'on rencontre dans une lutte? Mais, citoyens, il me semble qu'en procédant comme nous le faisons, nous sommes beaucoup plus sages que ceux qui nient cette réalité, ou du moins *qui ne veulent pas la laisser paraître.* Nous soutenons qu'il est excessivement important de la montrer partout comme *une nécessité fatale*, qui indique à chacun le devoir auquel il est bon de se préparer d'avance.

« On vient encore nous dire : un impot de 25 p. 100 étant donné, nous arriverons à collectiviser. Mais c'est dans vingt-cinq ans. Eh bien ! si nous tenons compte de l'état mental de nos ennemis et de la corruption qu'y a inoculée la bourgeoisie, nous devons aussi tenir compte de la situation du peuple, de ce peuple à qui vous n'avez jamais présenté que des solutions irréalisables.

(1) Voir ci-dessus p. 20.

« Aujourd'hui, il faut savoir dire au peuple : Voilà la solution de la question sociale. Elle est possible matériellement, à la seule condition de la vouloir énergiquement. Mais faisons surtout bien voir au peuple ce qu'il doit vouloir. Le peuple sera révolutionnaire lorsqu'il aura compris, que ce n'est pas nous qui voulons la révolution, mais qu'elle s'impose d'elle-même, parce que tous les défenseurs de l'organisation sociale actuelle étouffent nos revendications quand elles ne sont pas violentes. *Nous ne pourrons donc pas éviter la Révolution*, et ceux qui, par leur aveuglement, l'auront rendue nécessaire, en supporteront toutes les conséquences (*Applaudissements prolongés*). »

Le délégué du cercle d'études philosophiques et sociales des socialistes rationnels (collectivistes) ayant exprimé dans la séance du 20 juillet, l'espoir de « passer de l'état actuel à la société future. . . sans troubles, sans injustices, sans verser de sang, ce qui ne veut pas dire que cela sera possible », il dut expliquer ainsi sa pensée mal interprétée :

« *Je n'ai pas dit qu'on ne serait peut-être pas sûrement obligé de se servir de la force*, j'ai dit : pour se servir de la la force, il faut la posséder. Il y a différents moyens, je vous en ai montré un, vous l'examinerez, et vous verrez ce que j'ai dit ; il y aura des vaincus et des vainqueurs. Les vainqueurs diront aux vaincus :

« Vous nous avez obligés à vous imposer la force, vous êtes vaincus, subissez-en la conséquence.

« J'ai dit cela, je n'ai *pas dit autre chose, nous sommes donc bien d'accord.* »

Ainsi, les prétendus modérés des congrès ouvriers sont bien d'accord avec les anarchistes, du moins quant au but, et même aux moyens : s'il y a désaccord entre eux, c'est uniquement sur l'opportunité de ces moyens, pas ailleurs.

« En terminant, citoyennes et citoyens, disait le 19 juillet le citoyen Philippe, nous croyons devoir exprimer le désir que notre union ne se rompe pas, car, *notre but étant le même*, c'est-à-dire l'*émancipation des producteurs par la révolution sociale, nos divergences de vues* ne peuvent porter *que sur les moyens préparatoires*, ce qui, nous le croyons, ne doit pas être une cause de division dans nos rangs ; nous devons, au contraire, tous nous resserrer dans ce Congrès et ne former qu'un corps où la discussion soit libre, afin de mieux nous préparer à la lutte. »

Tous sont unanimes à réclamer le bouleversement total de la société, même au prix de l'insurrection, de l'incendie, de l'assassinat. Seulement les uns sont impatients, les autres sont plus habiles, et c'est au nom de ceux-ci que le délégué de l'alliance des groupes révolutionnaires socialistes disait, le 24 juillet 1880, au congrès de Paris :

> « Mieux que d'apprendre les principes de la cosmographie et de la règle de trois, il est nécessaire aujourd'hui de se préparer pour la Révolution.
>
> « *S'organiser pour détruire par la force* l'ordre ou plutôt le désordre existant, *voilà la question urgente, la question qui s'impose, voilà la question vraiment actuelle.* »

Mais ce que *La Lanterne* appelle « la politique du pétrole et du picrate de potasse » est-ce donc une invention toute récente des exaltés des congrès? En vérité, ce serait à croire que ceux qui soutiennent cette thèse n'ont aucun souvenir du langage tenu par les communards et les révolutionnaires à l'étranger, alors qu'on ne tolérait pas encore leurs criminelles excitations, en France. Il suffit cependant de parcourir leurs manifestes, leurs discours, leurs lettres publiées dans les journaux de Belgique, de Suisse et d'Angleterre. Montraient-ils le moindre regret des horreurs de l'insurrection de 1871, parlaient-ils de repentir, ou tout au moins, par leur silence, laissaient-ils croire à leurs remords? On va le voir.

Au mois de juin 1874, au moment où l'assemblée nationale allait voter la constitution qui nous régit, les réfugiés de la commune à Londres formaient une société sous le titre « la commune révolutionnaire ». Les fondateurs firent appel à leurs partisans. Et que disaient-ils? ceci :

> « Quelle que soit l'issue des tentatives versaillaises, disait le manifeste, monarchie ou République bourgeoise, le résultat sera le même : la chute de Versailles, la *Revanche de la Commune.*
>
> « La victoire ne sera pas le prix d'un seul jour de lutte, mais le combat va recommencer, les vainqueurs vont avoir à compter avec les vaincus... »

L'amnistie n'avait pas encore été imposée aux vainqueurs par les vaincus : c'étaient les premiers efforts de revanche. Déjà la Commune osait relever la tête, telle qu'elle était, hideuse et menaçante.

> « Nous sommes athées... disait le manifeste, nous sommes communistes parce que le communisme est la négation la plus radicale de la société que nous voulons renverser... Nous sommes révolutionnaires, autrement dit communeux, parce que pour réaliser le but de la Révolution, nous voulons renverser

par la force une société qui ne se maintient que par la force. Parce que nous savons que la faiblesse comme la légalité, tue les révolutions, que l'énergie sauve... La Commune c'est le prolétariat révolutionnaire armé de la dictature pour l'écrasement de la bourgeoisie. La Commune, ne l'oublions pas non plus, nous qui avons reçu charge de la mémoire et de la vengeance des assassinés, c'est aussi la revanche. »

A propos de la manifestation du 23 mai, le *Prolétaire* s'écriait cette année même :

« Proscrits qui gémissez encore en exil ou à l'autre bout du monde, sous le ciel meurtrier de la Calédonie, prenez espoir ; l'heure de la *délivrance approche* ainsi que celle *de la vengeance* pour les mânes irrités des 35,000 martyrs de la semaine sanglante ! »

J'ai dit que les membres fondateurs du groupe révolutionnaire ne reculaient pas même devant la responsabilité des plus effroyables crimes : poursuivons la lecture du manifeste communard.

« Oubliant qu'une société ne périt que quand elle est frappée aussi bien dans ses monuments, ses symboles, que dans ses institutions et ses défenseurs, les communalistes (avec lesquels les communards n'entendent pas être confondus) veulent décharger la Commune de l'exécution des otages, de la responsabilité des incendies ; ils ignorent ou feignent d'ignorer que c'est par la volonté du peuple et de la Commune unis jusqu'au dernier moment qu'ont été frappés les otages, prêtres, gendarmes, bourgeois, et allumés les incendies.

« Pour nous, *nous revendiquons notre part de responsabilité dans ces actes justiciers* qui ont frappé les ennemis du peuple, depuis Clément Thomas et Lecomte jusqu'aux dominicains d'Arcueil ; depuis Bonjean jusqu'aux gendarmes de la rue Haxo, depuis Darboy jusqu'à Chaudey. »

Ainsi parlait d'ailleurs un journal de l'Internationale, l'*Ami du peuple*, dans le numéro du 19 mars 1876 (imprimé à 6000 exemplaires sur papier rouge sang) ; il n'exprimait qu'un regret, celui de n'avoir pas vu commettre assez de violences :

« Et le sang des otages hurle-t-on ? *Nous n'avons rien à éluder.* Au lieu de ces représailles de la Commune expirante, qu'eût-ce été si le comité central, dans la nuit du 18 au 19 mars, avait fait fermer Paris hermétiquement, s'il avait retenu prisonniers les généraux Martimprey, Chanzy, l'amiral Saisset et une foule d'autres gros personnages ; s'il avait mis en arrestation dans les catacombes toute la cléricaille qui fomentait des troubles, des manifestations, qui conspirait ; s'il avait fait juger les conspirateurs du Grand-Hôtel, Schœlcher et Picard en tête ; s'il avait parqué dans un égout les

folliculaires à gages, les bêtes puantes et mouchards du journalisme, s'il avai
fait condamner et châtier la bande de Pène qui versa le sang (sic) à la place
Vendôme ? Qu'eût-ce été si le comité central, sans attendre que Ducatel donnât
le signal, guidât les Versaillais, que Paris baignât dans le sang de ses défenseurs avait répondu dès le 20 mars aux atrocités versaillaises?

« Ce qui en fût résulté est clair : Paris conservait les soldats de la Loire
campés au Champ-de-Mars, et qui furent, sous la conduite des gendarmes
et des policiers déguisés en militaires, le noyau de l'armée versaillaise. Paris
muré renfermait le 18 mars au moins cinquante mille fontionnaires de tout
ordre, de tout rang, des propriétaires, des capitalistes, des manufacturiers,
etc., tous vrais otages par excellence. *En cas de sédition* — ce qui était à
souhaiter — c'était en champ clos *l'écrasement de la fleur versaillaise*,
c'était les machinations et l'organisation des forces versaillaises, avec les
prisonniers de Sedan, de Metz, si complaisamment rendus, arrêtées dans
leur cours par la précipitation décisive de la lutte; c'était les départements
électrisés, soulevés; c'était la mise en fuite de l'Assemblée conciliabule de
traîtres, de scélérats, c'était de plus, l'envahisseur victorieux mis en présence de l'énergie révolutionnaire.

« Veut-on, au contraire, que la Commune dût succomber par le voisinage
des soldats de Guillaume, alliés naturels des ruraux? Eh bien, dans ce cas, en
mettant en œuvre tous les moyens de défense, la Commune aurait pu résister un mois, deux mois et même plus; car par l'explosion des mines, des
torpilles, etc., elle aurait pu engloutir des régiments entiers, offrant partout
un sol mouvant, un feu incessant, cette opiniâtre résistance aurait dévoré
cent mille, deux cent mille soldats. Il n'en aurait été rien de pire pour les
vaincus, et le triomphe même des ruraux eût été leur roche Tarpéienne,
car il y a des victoires qui écrasent. »

Ce sont là les petits profits de l'expérience acquise :

« Combien, en 1871, lors de l'insurrection communaliste, vous avez dû vous
tenir le ventre en nous voyant si bons, si cléments, » disaient les communards
qui rédigeaient l'*Ami du Peuple* (16 août 1871).

D'après la même feuille, n° du 4 janvier 1874, si la Commune
de Paris a succombé c'est qu'elle « ne sut pas imiter les républicains bourgeois de 93. Elle ne voulut pas répandre le sang à flots,
et ne vit pas que *sa clémence la perdait!* »

On voit que les avertissements sur les dispositions des révolutionnaires n'ont pas manqué

Voilà ce que quatre, cinq ou six ans avant de réclamer l'incendie et les assassinats, l'emploi de la force et de la violence, aux
congrès de Marseille et de Paris, le parti de la liquidation sociale
écrivait et publiait. On ne viendra pas, je l'espère, prétendre

comme on l'a fait parfois, que ces pièces imprimées dans des
feuilles étrangères étaient l'œuvre de la police: parmi les signatures des communards apposées au bas de ce manifeste, il suffira de relever celles de Ch. Dacosta, Dellès, Eudes, Gois, Goulé,
Mallet, Varlet, Viard; elles sont assez significatives.

Lors du procès du congrès international en 1878, on a donné
lecture d'une correspondance par laquelle le groupe communard
de New-York, exprimait au citoyen Massard (du congrès de Paris)
le regret de ne pouvoir envoyer un délégué, le priant de le représenter. Voici ce qu'on lit dans le programme envoyé, pour
exposer les idées à soumettre au congrès: c'est à peu près le même
que celui du groupe « la commune révolutionnaire » de Londres :

« Aux révolutionnaires, aux communeux.

«.... Nous sommes là, retranchés derrière les barricades de l'exil, prêts
à tout. Parmi nos adversaires, se distingue un petit groupe Versaillais, qui
se nomme intransigeant. Ces Versaillais voudraient persuader à nos amis
qu'ils sont avec eux, *pour la liquidation sociale*, pour la revanche de la
Commune, et leur naïveté feinte va jusqu'à réclamer l'amnistie pour ceux
des nôtres qui souffrent à la Nouvelle-Calédonie. Ils en seront pour leurs
frais. La grâce qu'ils implorent pour nous, *qui sommes les justiciers*, fait voir
que ces Versaillais sont bien à Versailles.

« Nous sommes communistes, parce que nous voulons détruire cette propriété individuelle, personnifiée par l'égoïsme et l'iniquité. Nous voulons fonder
sur la société détruite un lien de parfaite égalité parmi les hommes... nous
sommes athées.. nous sommes révolutionnaires, parce que ce n'est que par
la révolution que nous aurons la victoire... parce que nous voulons renverser,
par la force, la société...

« Avec le dernier bourgeois, disparaîtra le dernier vestige de l'exploitation
de l'ouvrier...

« Marchons à la conquête du devoir politique par l'extermination *complète
des jésuites et de la bourgeoisie.* »

En 1876, le 18 août, près de Bruxelles, à Laeken, on enterrait
un solidaire: c'est le communard Duplaix qui parle sur sa tombe,
et que dit-il ?

« Les révolutionnaires veillent, eux ne transigent pas, leur nombre s'agran-
dit et plaise (l'orateur ne dit pas plaise à Dieu !) plaise que bientôt ils puis-
sent se ranger en bataille. Nous abhorrons tout ce que la société bourgeoise
a fait. Nous détestons vos lois, nous nous y soumettons par obligation. Mais
le jour où nous pourrons secouer ce joug inhumain nous ne faillirons pas.
Nous serons au poste. »

Puis il fait cet aveu qui devrait donner à réfléchir à ceux qui nous gouvernent :

« *Une brèche est faite à vos remparts, la religion n'existe plus que de nom,* elle sert encore à consolider le pouvoir civil. Continuons, la sape à la main la destruction de cette société lépreuse, et que bientôt les amis du droit se donnent la main sur ses vestiges fumants. »

Quelques semaines plus tôt, le 26 mars, le communard Henri Joineaux excitait les citoyens proscrits dans les termes suivants :

« Nous avons été battus, ils s'en sont réjouis, mais nous n'avons pas été vaincus; qu'ils tremblent. Non, nous n'avons pas été vaincus! nous sommes toujours là, debout sur la brèche et toujours prêts à recommencer la bataille; nous ne capitulerons pas! Notre devise est celle-ci : la commune ou la mort!... Les Versaillais nous ont fait 230,000 victimes, il nous faut 230,000 têtes! »

Et, le 21 janvier précédent, le groupe des communards établi à New York — le même dont nous citionstout à l'heure le programme pour la liquidation sociale, — adressait aux révolutionnaires et aux proscrits de la Commune, un manifeste où l'on peut lire :

« Nous nous souviendrons de ces atrocités sans nombre dont Paris et Versailles furent le théâtre, et le jour de la vengeance venue, nous frapperons cette société criminelle et sauvage dans ses fils aussi bien que dans sa propriété. Avec le dernier prêtre dispararaîtra le dernier vestige d'abrutissement et d'erreurs. Avec les derniers bourgeois disparaîtra le dernier vestige de l'exploitation du travail, le dernier vestige de l'oppression et de la misère. »

« Sachez, disaient encore les réfugiés qui rédigeaient à Genève le *Qui vive?* en 1874, — sachez que nous n'avons qu'une seule pensée; la vengeance! Et nous l'aurons terrible, exemplaire. Un jour viendra, vous ne l'ignorez pas, où nous serons les maîtres. Alors il n'y aura pas de pardon, pas de miséricorde pour les assassins de 1848 et 1871. Que vos têtes soient blanches ou non, nous les faucherons, et nous les faucherons avec sang froid. Nous ne respecterons ni vos femmes ni vos filles, nous serons sans pitié pour elles : nous ne leur devons rien que la mort. La mort sera à l'ordre du jour jusqu'à ce que votre race maudite ait disparu. A bientôt, messieurs les bourgeois! »

Tout récemment encore, M. Emile Massard, écrivait dans le *Citoyen* (n° du 5 septembre 1880) :

« Aux heures de la victoire, la magnanimité du peuple n'est que de la duperie. En révolution les demi-mesures et les faiblesses conduisent aux suicides .. Si les eunuques du parlementarisme ont pu compromettre quelquefois la virilité de nos résolutions, ils ne sauront à l'avenir paralyser l'énergie de nos colères, et amoindrir la violence de nos représailles. »

C'est dans cette disposition d'esprit, sans nul doute, que *Le Mot d'ordre* du 1er août 1879, présentait comme des modèles, Robespierre, Danton, Marat, Hebert, et disait :

« Si Mithridate a pu dompter et s'assimiler les poisons les plus subtils, c'est qu'il possédait un antidote souverain : *la haine.* S'il est resté comme une des plus gigantesques figures de l'histoire, c'est qu'il a su, le même jour, à la même heure, sur un signe, *faire exterminer à la fois quatre-vingt mille Romains !* »

La force, la violence, l'extermination, voilà bien la politique, toute la politique du parti, avant comme après les congrès ; mais il paraît qu'il fallait que ces programmes révolutionnaires apparussent à l'Alhambra pour émouvoir le radicalisme.

Lorsque le communard, L. Pindy, « secrétaire correspondant de la commission de la fédération française de l'Association internationale des travailleurs ». publiait en 1877 son manifeste en vue des élections, et qu'il se demandait ce que ferait « l'assemblée des 363 en 1877. » Il répondait déjà :

« Rien. Elle s'applatira ou sera chassée, à moins que nous soyons là avec des armes. Vous le voyez, si vous ne voulez pas que votre triomphe apparent ne soit que le masque de votre propre défaite, vous devez vous préparer à passer de la parole à l'acte, de l'urne à la barricade, du vote à l'insurrection. Le combat inévitable aura donc lieu... »

Ce n'est pas autre chose que la thèse soutenue dans le congrès de Paris.

Citons encore ces lignes de *l'Avant-Garde* du 15 juin 1877 :

« Que faire ?

« L'expérience a parlé ! Loin de nous la voie pacifique et légale ! A nous la voie violente qui a fait ses preuves ! Laissons les radicaux à leur radotage pacifique, allons aux fusils suspendus aux murs de nos mansardes. Mais si nous les épaulons, ne les laissons se refroidir et s'éteindre que lorsque nous pourrons faire résonner leur crosse, non seulement sur le sol d'une République, mais encore sur un sol qui soit la propriété collective du paysan et de l'ouvrier. »

Et ce passage du programme du journal *La Guerre sociale*, saisi en 1878 chez les organisateurs du congrès international de Paris :

« Révolutionnaire dans toute l'acception du mot, il ne fera pas de la Révolution une théorie, ni un système abstrait, mais la pratique de tous les jours.
Pour cela, il fera la guerre aux personnes, guerre âpre et de chaque instant,
parce que les principes ne marchent pas seuls... Tous *les moyens*, selon nous,
sont bons pour faire éclater la lutte et hâter l'avénement de la révolution. »

Lisons aussi le prospectus du journal *l'Egalité* (17 novembre 1877), centre d'un groupe qui prit part au congrès de l'A-
lhambra.

Le but de cette feuille, rédigée par le citoyen Jules Guesdes, avec
Bebell et Liebknecht, députés socialistes au Reichstag de Berlin,
entre autres principaux collaborateurs, — y est franchement
avoué, c'est de « préparer la formation d'un grand parti, qui puisse,
le moment venu, mettre la force au service du droit. »

Le succès rapide des congrès révolutionnaires, et celui de la
presse socialiste, étaient escomptés d'avance par ceux qui se
chargent d'entretenir l'agitation et de raccoler des soldats en
vue de l'insurrection projetée. Et, si l'on prétendait que ces
excitations criminelles des congrès et des journaux révolutionnaires, soient inoffensives, il faudrait recourir aux aveux des
intéressés eux-mêmes.

Un des journaux de l'Internationale à l'étranger, l'*Ami du
peuple*, publiait (dans son numéro du 16 août 1876) les lignes
suivantes :

« Marat disait : « Tout est perdu lorsque le peuple devient de sang-froid et
qu'insouciant de la revendication de ses droits, il reste dans l'inertie : au lieu
qu'on voit la liberté sortir sans cesse des feux de la sédition. »

« Il faut, il faut donc, sur le cadavre sanglant du droit, agiter sans trêve
les haillons de la misère et infatigablement crier : Justice ! justice ! Il faut
briser la glace de l'indifférence et porter dans tous les cœurs la torche de
l'indignation ; il faut relever les défaillants, enflammer les courages, réqui-
sitionner toutes les énergies, retremper consciences et caractères, inspirer le
mépris de la mort, porter à l'ordre du jour l'audace, le dévouement, le sacrifice ! Oui, *car il faut à tout prix accomplir la Révolution* et y marcher résolûment comme on vole à l'incendie. »

N'est-ce pas ce qu'écrivait, le 1ᵉʳ août 1879, un rédacteur du *Mot
d'Ordre* :

« Je modifierais volontiers, disait-il, la formule célèbre de Descartes et je
dirais : *odi, ergo sum*. Je hais, donc je suis !

« Les peuples comme les individus qui ne savent plus haïr ne sont capables de rien ; ils ont fini leur rôle ici-bas... Robespierre, Danton, Marat, Hébert, quels sublimes haïsseurs !

« Si les géants de 1789 et 1793 ont réalisé de si grandes choses, reconstruit la société, écrasé l'ancien régime, défié et vaincu l'Europe, à qui l'ont-ils dû, sinon à leur *impitoyable haine contre les aristocrates, contre les prêtres, contre les rois?* Sinon parce qu'ils ont su penser et dire, *avec Danton, « de la haine, encore de la haine, toujours de la haine !* »

Si les congrès, les journaux, les brochures, les associations, tous les moyens de propagande utilisés par la révolution sociale, n'avaient pas d'autre résultat que d'augmenter à ce point les haines, et de rendre la vie en société absolument impossible. ne serait-ce pas déjà un motif suffisant pour combattre énergiquement ce parti qui menace de nous faire retourner à l'état sauvage !

§ 11. — *La société doit-elle se défendre contre le parti qui l'attaque ? — Le peut-elle ? — Comment empêcher la liquidation sociale.*

Certes, je ne suis pas l'adversaire, encore moins l'ennemi des libertés publiques, et je comprends qu'on laisse à un parti politique qui n'est pas le sien la faculté de vivre, en interprétant largement la législation restrictive de ses droits.

Mais ici, l'on ne me contredira pas, il ne s'agit point d'un parti politique, mais d'un parti anarchique, d'un parti qui fait table rase de toutes nos institutions sociales, d'un parti qui combat aussi violemment la république honnête que la monarchie, qui vise à l'abolition de l'autorité, à la ruine totale de l'État, au renversement de tout gouvernement, et, en même temps qu'il l'anéantissement de toute religion, au mépris de tous les droits acquis, au vol des propriétés légitimes.

« Il s'agit de faire une révolution, disait, au congrès de Paris, à la seance du 25 juillet 1880, le délégué des anarchistes nous sommes tous d'accord là-dessus. Mais qu'est-ce que cette Révolution ?

« Voulons-nous faire la Révolution, ou bien *une* révolution qui, comme tant d'autres, ne servira qu'à faire couler le sang du peuple sans modifier profondément sa pénible situation? »

C'est *la Révolution,* la révolution sociale, et non pas une révolution.

Et le citoyen Lemale avait dit deux jours avant :

Il est aussi indispensable de se bien pénétrer de ceci : c'est qu'il n'y plus pour le prolétariat, et l'on pourrait dire qu'il n'y a jamais eu *de Révolution politique à faire: ce qui est plus sérieux*, et ce que la bourgeoisie craint et comprend parfaitement, c'est que la Révolution qui nous reste à faire *sera une Révolution économique et sociale.* (23 juillet.)

Cela est tout à fait clair.

Et bien ! oui ou non, est-il du devoir d'un gouvernement — quel qu'il soit, monarchique ou républicain — de s'opposer par tous les moyens honnêtes dont il dispose, à cette propagande de doctrines subversives, et de conjurer le péril qui menace la société ?

Je laisse à tout homme sensé la soin de repondre.

Je ne me fais pas d'illusions ; je le reconnais au contraire, ce n'est pas chose facile que cette guerre défensive.

L'autorité peut se servir de la force ; il n'est pas dit que la force triomphera de l'idée. Voilà pourquoi je ne vois qu'un seul moyen vraiment efficace, et ce moyen c'est d'opposer à la doctrine désolante de l'athéisme les consolations de l'évangile, c'est de faire respecter les Commandements de Dieu , et pour cela commencer par ne pas s'associer à ceux qui nient Dieu, en l'outrageant, c'est d'élever les âmes vers le ciel au lieu de préconiser l'égalité dans l'abaissement, en montrant comme le but suprême de la vie, le luxe, la paresse et les jouissances.

La révolution sociale nous l'a dit d'un air triomphant : « une brèche est faite à vos remparts, la religion n'existe plus que de nom. » Au lieu de retenir l'avertisssement, au lieu de relever le sentiment religieux, cela est triste à dire, mais cela est vrai, et je le dis : le pouvoir prend à tâche de combattre la religion par tous les moyens possibles sous prétexte de faire la guerre au cléricalisme.

Je m'adresse à tous, protestants et catholiques, républicains et monarchistes, à quiconque voit ce qui se passe, ce qu'on ne prend même plus la peine de dissimuler, ce qui menace audacieusement la patrie, la société tout entière, et je leur demande :

Est-ce qu'en agissant comme il agit, ce n'est pas le pouvoir qui est le premier complice de la révolution. On dit au peuple : Dieu n'est pas. Comment voudrait-on faire croire ensuite qu'il y a une morale, sans Dieu. Et, s'il n'y a plus de morale, pourquoi y aurait-il une autorité ? S'il n'y a pas d'autorité, pourquoi une propriété ?

Tout cela se tient, s'enchaîne. Sans Dieu, sans religion, la violence, l'état sauvage « avec le grand esprit en moins, le revolver et le pétrole en plus, » comme l'a écrit si justement un économiste chrétien.

Il ne serait pas juste cependant de dire que le Gouvernement est le seul coupable. C'est le principal, je l'accorde, car il manque au premier de ses devoirs : il déserte son poste. Oui, mais il y en a d'autres. Et la lutte insensée entreprise contre l'Eglise au nom d'une fausse civilisation, a fait de tels ravages que le grand pontife qui préside aux destinées de la catholicité, S. S. Léon XIII a pu dire, alors qu'il était encore archevêque de Pérouse :

« D'une part, on voit des multitudes, auxquelles on a ôté toute espérance de l'avenir, tout soulagement apporté à l'infortune par la foi, des multitudes qui ne peuvent trouver une compensation aux jouissances de la terre, trop pauvre pour leurs convoitises, et trop prodigue de misères et de contrastes ; de l'autre, un petit nombre d'hommes à qui sourit la fortune, qui n'ont pas 'a moindre étincelle de charité allumée dans leur cœur, attentifs seulement à thésauriser et à jouir. D'un côté, des hommes frémissant de désespoir, qui semblent être redevenus sauvages ; de l'autre des joies obcènes, des danses et des festins qui excitent l'indignation du pauvre qui n'est pas secouru et provoque les châtiments divins. Voilà ce que vous avez gagné, voilà ce que nous promet cette guerre déclarée à l'Eglise au nom de la civilisation, et destinée à nous replonger dans les horreurs de la barbarie. Or, s'il est un moyen de mettre un terme aux maux présents et de conjurer les dangers à venir, il ne peut se trouver que dans notre fidélité aux lois de Dieu et de l'Église, observées courageusement, en donnant les exemples d'une vie chrétienne. »

Peu de jours après son élection au suprême Pontificat, Léon XIII daignant s'adresser à mon excellent ami, M. le baron d'Yvoire, alors directeur de la *Défense*, lui donnait ce conseil qui montre à quel point ce grand pape a le souci de la paix sociale : « Continuez à défendre aussi courageusement la Société dont la meilleure sauvegarde est le respect des droit de l'Eglise et de la Religion, » et peu de temps après Léon XIII publiait cette admirable encyclique sur le socialisme dont le Czar lui-même — fait inouï dans les annales du schisme — crut devoir recommander la lecture à ses sujets, car il y voyait le seul moyen de combattre la révolution sociale, en Russie, le nihilisme.

Serait-il possible que la France ne partageât pas l'admiration d'un empereur schismatique pour cette sublime harmonie de l'Église et de la vraie civilisation? Et pourrait-il se faire que la sollicitude de la religion pour toutes les âmes et en même temps pour tous les intérêts, ceux des peuples et ceux des gouvernements, fût à ce point méconnue, qu'on chercha en dehors d'elle, ce qu'elle seule peut donner, l'espérance et la paix.

« Ce qu'il faut déplorer, dit Léon XIII, c'est que ceux à qui est confié le soin du bien commun, se laissant circonvenir par les fraudes des hommes impies et effrayer par leurs menaces, ont toujours manifesté à l'Eglise des dispositions suspectes ou même hostiles. Ils n'ont pas compris que les efforts des sectes auraient été vains si la doctrine de l'Eglise catholique et l'autorité des Pontifes romains étaient toujours demeurées en honneur, comme il est dû, aussi bien chez les princes que chez les peuples. Car l'Église du Dieu vivant, qui est la colonne et le soutien de la vérité, enseigne ces doctrines, ces préceptes par lesquels on pourvoit surtout au salut et au repos de la société, en même temps qu'on extirpe radicalement la funeste propagande du socialisme. » (Encyclique du 28 décembre 1878).

Il est donc douloureux de songer à l'ingratitude et à l'aveuglement de ceux qui reprochent à la Religion les défauts et les vices qu'ils reconnaissent dans une société en révolte contre les enseignements religieux. « Le travail a été méprisé et il l'est encore là où le Christianisme n'étend pas son bienfaisant empire, » a pu dire le cardinal Pecci.

> « Toutes les belles et vraies pensées sur le travail sont chrétiennes, toutes sont sorties du sein de l'Eglise ; celle-ci, selon sa nature, a puissamment influé pour que ces pensées prissent corps dans les faits et les institutions. »

Je ne puis résister au plaisir de citer en terminant cette magistrale démonstration de la nécessité de la religion dans la société, que Léon XIII a faite dans l'encyclique que je viens de rappeler :

> « Quant à la tranquillité publique et domestique, la sagesse catholique, appuyée sur les préceptes de la loi divine et naturelle y pourvoit très prudemment par les idées qu'elle adopte et qu'elle enseigne sur le droit d'autorité et sur le partage des biens qui sont acquis pour la nécessité et l'utilité de la vie. Au contraire, les socialistes présentent le droit de propriété comme étant une invention humaine, répugnant à l'égalité naturelle entre les hommes ; et, prêchant la communauté des biens, ils proclament

qu'on ne saurait supporter patiemment la pauvreté et qu'on peut impuné-
ment violer les possessions et les droits des riches.

» L'Eglise reconnaît beaucoup plus utilement et sagement que l'inégalité
existe entre les hommes, naturellement dissemblables par les forces du
corps et de l'esprit, et que cette inégalité existe même dans la possession des
biens ; elle ordonne, en outre, que le droit de propriété et d'autorité,
provenant de la nature même, soit maintenu intact et inviolé dans les mains
de qui le possède ; car elle sait que le vol et la rapine ont été condamnés
dans la loi naturelle par Dieu, l'auteur et le gardien de tout droit, au point
qu'il n'est même pas permis de convoiter le bien d'autrui, et que les
voleurs et les larrons sont exclus, comme les adultères et les idolâtres, du
royaume des cieux.

» Elle ne néglige pas pour cela, en bonne mère, le soin des pauvres, et
n'omet point de pourvoir à leurs nécessités, parce que, les embrassant dans
son sein maternel et sachant qu'ils représentent Jésus-Christ, qui considère
comme fait à lui-même le bien fait au plus petit des pauvres, elle les a en
grand honneur ; elle les assiste de tout son pouvoir; elle a soin de faire élever
partout des maisons et des hospices où ils sont recueillis, nourris et soignés,
et elle les prend sous sa tutelle. De plus, elle fait un strict devoir aux riches
de donner leur superflu aux pauvres, et elle les effraye par la pensée du divin
jugement, qui les condamnera aux supplices éternels s'ils ne subviennent aux
nécessités des indigents.

» Enfin, elle relève et console l'esprit des pauvres, soit en leur proposant
l'exemple de Jésus-Christ, qui étant riche a voulu se faire pauvre pour nous,
soit en leur rappelant les paroles par lesquelles il a déclaré bienheureux les
pauvres, et leur a fait espérer les récompenses de l'éternelle félicité. *Qui ne
voit que c'est là le meilleur moyen d'apaiser l'antique conflit soulevé entre les
pauvres et les riches ?* Car, ainsi que le démontre l'évidence même des choses
et des faits, si ce moyen est rejeté ou méconnu, il arrive nécessairement,
ou que la plus grande partie du genre humain est réduite à la vile condition d'esclave, comme on l'a vu longtemps chez les nations païennes, ou
que la société humaine est agitée de troubles continuels et dévastée par les
rapines et les brigandages, ainsi que nous avons eu la douleur de le constater dans ces derniers temps encore.

» Puisqu'il en est ainsi, nous, à qui incombe le gouvernement de toute
l'Eglise, de même qu'au commencement de notre pontificat nous avons
déjà montré aux peuples et aux princes, ballottés par une dure tempête, le
port du salut, ainsi, en ce moment du suprême péril, nous élevons de
nouveau et encore avec émotion notre voix apostolique pour les prier, *au nom
de leur propre intérêt et du salut des Etats*, et les conjurer de prendre
pour éducatrice l'Eglise, qui a eu une si grande part à la prospérité publique
des nations, et de reconnaître que les rapports du gouvernement et de la
religion sont si connexes, que tout ce qu'on enlève à celle-ci diminue
d'autant la soumission des sujets et la majesté du pouvoir.

» Et, lorsqu'ils auront reconnu que l'Eglise de Jésus-Christ possède,
pour détourner le fléau du socialisme, une vertu qui *ne se trouve ni dans les
lois humaines, ni dans les répressions des magistrats, ni dans les armes*

des soldats, qu'ils rétablissent enfin cette Eglise dans la condition et la liberté qu'il lui faut pour exercer, dans l'avantage de la société humaine tout entière, sa salutaire influence. »

Ce sont bien là les doctrines qui ont constamment guidé les chrétiens vraiment pénétrés de leurs devoirs. Il suffira de rappeler, après tant d'efforts géuéreux tentés dans les Congrès ouvriers catholiques d'Angers (1858), Paris (1859), Versailles (1870), Nevers (1871), Poitiers (1872), Lyon, Chartres, Nantes, le Puy et les assemblées catholique de Paris la déclaration votée dans une réu nion d'industriels chrétiens de la région du Nord, à Lille, le 7 mai 1879, s'inspirant de cette idée :

« L'ouvrier n'est pas, il faut le rappeler, une force qu'on utilise ou qu'on rejette, en ne tenant compte que des besoins immédiats d e la production ; il est notre frère en Jésus-Christ, confié par Dieu au patron qui demeure obligé de le placer dans des conditions propres à lui faciliter le salut éternel. »

Je suis bien convaincu que si tous les patrons ava ient sur les ouvriers qu'ils emploient l'opinion de ces patrons chrétiens, M. Gambetta serait dans le vrai : il n'y aurait pas de question sociale.

Mais il y en a une, je crois l'avoir suffisamment prouvé.

Il y a, comme on l'a vu, des individus mécontents de leur état et qui rêvent l'anéantissement de la société actuelle. Ces individus forment un immense parti, recruté par le moyen de promesses trompeuses, d'illusions dangereuses, poussé par des haines accumulées et savamment entretenues, qui ne demandent qu'une occasion pour se ruer sur la civilisation moderne.

Ce parti, chaque jour plus nombreux et plus compacte, mieux organisé qu'à la veille de la Commune, plus audacieux que jamais, nie Dieu, outrage la religion, confond le bien et le mal, conteste le libre arbitre et la responsabilité morale de l'individu, prétend que l'immortalité de l'âme et la justice éternelle son- des inventions de bourgeois égoïstes ou de capitalistes insatiables.

Ce parti veut désorganiser la famille par la femme, dont il flatte la vanité, par l'enfant, au moyen de l'éducation athée et révolutionnaire. Il veut s'emparer du gouvernement pour le détruire. Il exige, enfin, son « paradis sur la terre » même par le vol, l'incendie, l'assassinat, par « tous les moyens possibles ».

Et que fait-on pour prévenir les conséquences fatales de ces théories — que dis-je; nous n'en sommes plus aux théories et aux sciences spéculatives — de ces trames, de cette organisation formidable entreprise contre la société ?

Rien.

Que faut-il faire du moins?

La parole vénérée du Pape vient de nous le dire : si quelque homme d'État, croyant ou non, connaît un meilleur remède à ces maux, qu'il le dise. En attendant ne négligeons pas celui-là, qui paraît le seul efficace pour « apaiser l'antique conflit entre les pauvres et les riches. »

Pour me borner, dans cet exposé, où les documents abondent cependant jusqu'au point de paraître fastidieux, peut-être, il m'a fallu remuer beaucoup de fange, sonder bien des plaies. Je l'ai fait dans les dispositions qu'avouait l'illustre auteur de l'*Athéïsme et le péril social*, lorsqu'il prévoyait d'une façon si lumineuse l'extension du socialisme, « avec une tristesse profonde, je l'avoue, mais avec la détermination tranquille qui convient, quand on aime assez son pays pour lui dire la vérité, même au péril de déplaire, quand on a la conscience de parler pour remplir un grand devoir; pour avertir, non pour blesser; pour montrer l'abîme avant qu'on y tombe. »

J'ai peu d'espoir que ma voix soit écoutée de ceux auxquels je voudrais particulièrement me faire entendre. Mais du moins j'aurai rempli mon devoir. J'aurai dit ce que je vois, ce que je sais, ce que je crains. J'aurai aussi constaté une fois de plus, par les aveux de nos adversaires eux-mêmes, que l'oubli des princpes religieux équivaut pour la société à un véritable suicide.

Il serait temps, — s'il en est temps encore — d'y réfléchir. Car en s'obstinant, comme on le fait depuis plusieurs années, à ne pas examiner la plaie qui nous ronge, pour n'avoir pas à la panser, on court, dans un délai plus ou moins rapproché, tôt ou tard, peut-être demain, au-devant de la plus épouvantable catastrophe que jamais l'histoire ait dû enregistrer, à ce que les révolutionnaires appellent d'une façon terriblement significative : — la liquidation sociale.

TABLE DES CHAPITRES

—

PARIS. — IMP. V. GOUPY ET JOURDAN, RUE DE RENNES, 71

EN VENTE A LA MÊME LIBRAIRIE :

Un Programme Conservateur, étude constitutionnelle, 1 vol. in-8° de 200 pages. 3 fr.

Essai d'une nouvelle Déclaration des droits de l'homme. 2ᵉ édition, publiée par les soins de P. DELAGRANGE, membre de la Société internationale d'économie sociale, de la Société d'économie chrétienne, de l'Union de la paix sociale, de la Société académique de Cherbourg, de la Société des études catholiques, etc. Brochure in-8° de XI-44 pages. 1 fr. 50

De la Réforme et de l'Organisation normale du suffrage universel, par HENRI LASSERRE. 1 vol. grand in-8° de 178 pages. 3 fr.

— LE MÊME OUVRAGE, 2ᵉ édition. 1 vol. in-12 de 220 pages. 2 fr.

Des Intérêts opposés aux Opinions en tant que seul objet légitime de la représentation nationale, par M. D'ANSELME DE PUISAYE, ancien officier supérieur. Brochure in-8° de 60 pages. 2 fr.

La Vérité en Politique, ou Études sur le pouvoir dans la société, par J.-T. SÉNIGON, archiprêtre en retraite, chanoine d'Agen, auteur de *la Vérité en religion* et de *la Liberté*. Ouvrage recommandé par plusieurs évêques et approuvé par d'illustres théologiens. 2ᵉ édition plus que doublée. 1 fort vol. in-12 de XV-510 pages. 3 fr. 50

Application de l'idée chrétienne aux choses de notre temps. Instructions et discours de circonstance de Mgr MABILE, évêque de Versailles. 1 vol. in-8° de XV-408 pages. 5 fr.

L'Autorité et la Liberté, par Mgr LANDRIOT, archevêque de Reims. 1 vol. in-12 de XIII-267 pages. 2 fr.

Le Futur Gouvernement de la France, par ARMAND RAVELET. 2ᵉ édition. Brochure in-8° de 47 pages. 1 fr.

Question de simple bon sens : *Quel peut être le gouvernement de la France?* Brochure in-8° de 52 pages. 1 fr.

Un Rural à la recherche du meilleur gouvernement : Deux liards de bon sens, ou la Manière de raisonner du bonhomme JACQUES. 1 vol. in-18 de 152 pages. 80 cent.

Monarchie et République. A tous les hommes de bonne foi. Brochure in-18 de 34 pages. 15 cent

De la République et de la Monarchie légitime, par le vicomte HERVÉ DE BROC. Brochure in-8° de VII-88 pages. 1 fr.

République, Empire ou Royauté, par C. CAMBIER. Brochure in-12 de 36 pages. 50 cent.

La République dévoilée au peuple, par J.-N. G. 1 vol. in-18 de 155 pages. 40 cent.

Le Secret de la République, par ALEXIS DE BRAIS. Brochure in-8° de 48 pages. 1 fr.

De la Décentralisation administrative, ou Lettres sur les fonctions publiques, par GERMAIN DESHAIRES. 1 vol. in-12 de 148 p. 50 cent.

PARIS. — IMP. V. GOUPY ET JOURDAN, RUE DE RENNES, 71.